O PODER DA MAÇONARIA

Marco Morel
&
Françoise Jean de Oliveira Souza

O Poder da Maçonaria

A história de uma sociedade secreta no Brasil

Crédito das imagens:
p. 16 (selo da loja Grande Oriente da França) Musée de la Franc-maçonnerie – akg-images / Elie Bernager
p. 20 (interior de um templo maçom) © 2003 Charles Walker / Topfoto
p. 25 (iniciação de um mestre maçom) © Stapleton / HIP / TopFoto
p. 256 (iniciação de um maçom) Musée de la Franc-maçonnerie – akg-images / Elie Bernager

Editora Nova Fronteira S.A.
Rua Bambina, 25 – Botafogo – 22251-050
Rio de Janeiro – RJ – Brasil
Tel.: (21) 2131-1111 – Fax: (21) 2286-6755
http://www.novafronteira.com.br
e-mail: sac@novafronteira.com.br

CIP-Brasil. Catalogação-na-fonte
Sindicato Nacional dos Editores de Livros, RJ

M84m Morel, Marco

O poder da maçonaria : a história de uma sociedade secreta no Brasil / Marco Morel e Françoise Jean de Oliveira Souza. – Rio de Janeiro : Nova Fronteira, 2008.

Contém glossário
Inclui bibliografia
ISBN 978-85-209-2081-7

1. Maçonaria – Brasil – História. I. Souza, Françoise Jean de Oliveira. II. Título.

CDD 366.1
CDU 061.236.6

Sumário

Apresentação

Este é um livro feito por historiadores não-maçons. Trata-se de pesquisa histórica (baseada em livros, artigos e documentos) destinada ao leitor que tenha curiosidade sobre tema tão cercado de lendas e conflitos, e também ao público maçom e a pesquisadores universitários. Utilizamos sempre materiais disponíveis a qualquer pessoa e que se encontram em jornais, revistas e livros publicados, bibliotecas e arquivos públicos ou na internet. O volume ficou com sete capítulos (sem intenções cabalísticas!): o primeiro redigido em conjunto, os quatro seguintes pelo co-autor e os dois últimos pela co-autora, embora todo o volume seja fruto de colaboração recíproca.

O assunto é muito citado, mas pouco aprofundado e, se não é mais maldito, ainda é mal-dito. Serve como base para muitas mistificações. Na verdade não existiu apenas uma maçonaria como centro possante, aglutinador e atemporal, mas diversas organizações maçônicas ao longo do tempo —, daí que falamos tanto em maçonaria quanto em maçonarias, no plural.

Não fizemos obra de apologia nem, ao contrário, de propaganda antimaçônica. Nosso objetivo é traçar uma visão panorâmica, enriquecida por alguns detalhes, para compreender a maçonaria não de maneira isolada da sociedade, mas como forma de associação presente em diferentes situações históricas, atravessada pelas questões de cada momento e possuindo características próprias: divisões, contradições e também conquistas e inovações.

A originalidade da maçonaria é justamente seu modo de organização através de símbolos e ritos. Por mais que pareça fabulosa e sobrenatural, tal simbologia é fruto da criação humana. Aí reside seu atrativo e fascínio.

Quanto a discutir se as maçonarias agiram de forma poderosa e secreta sobre os desígnios da história — é uma discussão que não cabe. Isso tem a ver com a própria maneira de compreender a história, ampla, complexa e em geral imprevisível — e que não pode simplesmente ser controlada por super-homens ou cabalas. Além do mais, afirmar um elo histórico de ligação contínua (e mantido de forma secreta!) numa mesma instituição entre épocas milenares é, no mínimo, um equívoco. Os símbolos universais fazem parte das maçonarias, como de outras manifestações da vida coletiva.

No caso do Brasil, a história da maçonaria é uma grande aventura que já dura mais de dois séculos entre *Luzes* e penumbras. Convidamos, pois, o leitor a navegar por esta trajetória, esperando que ela não o deixe indiferente — como não deixou aos autores.

Rio de Janeiro e Belo Horizonte, março de 2008.

Prelúdio

A VISTA DA BAÍA DE GUANABARA era deslumbrante e aqueles telhados encardidos e irregulares se amontoando sob um agudo céu azul anil trouxeram-lhe, não sabia bem por quê, um arrepio na barriga. A corveta de guerra Hydre ia ficar poucos dias fundeada e ele pretendia se desvencilhar logo da encomenda, ou melhor dizendo, da missão que recebera. Não sabia quase nada daquele povo e daquela gente, tinha a vaga idéia de um amplo empório colonial que despejava riquezas pela Europa, inferno de negros, brancos e mulatos. Não sabia nem queria saber. Estava ali de passagem. Afinal, os irmãos encarregaram-no de entregar o baú no endereço de um rico comerciante que deveria esperá-lo já ansiosamente, pois a corveta atrasara alguns dias por causa de problemas no Mar Oceano durante a travessia.

A embarcação, frágil canoa que carregava os passageiros dos navios para a terra, conduzida por dois negros musculosos, sacolejava no vento sudoeste que teimava em refrescar com ares salgados o ambiente úmido, quente, pegajoso. Foram seguidos por um cortejo de golfinhos que, de tão próximos, respingaram água em sua roupa encardida de longos dias a bordo. Ao colocar os pés no cais, viu gaivotas em rasante largando sibilos e furtando peixes dos cestos de palha trançada. Depois ainda teve que aguardar na alfândega: autoridades portuguesas ciosas em verificar papéis dos viajantes que não pertenciam às nações amigas. A situação entre França e Portugal andava delicada depois das guerras da Revolução. Laurent* suava em bicas, suas vestes emanavam odor azedo, mas não largava o baú de madeira discretamente talhada que conduzia em seus braços.

Agora caminhava em passos resolutos pelas ruas de calçamento irregular — ora pedras mal polidas, pontudas, ora barro escorregadio. Um negro carregava sua bagagem de mão, cena comum, que ajudava a torná-lo menos visível naquele burburinho de quitandeiras, pregoeiros, liteiras, carruagens, batinas, pés descalços e cascos de cavalo. Deixara para trás o largo do Paço —, aquele palácio modesto bem na frente do mar. Olhara de relance para a Catedral da Sé e para as igrejas ao redor e nem quisera pensar no poder que a maldita Igreja tinha naquelas paragens. Certamente haveria também padres *irmãos*, mas não queria se preocupar de verdade. Até porque lhe garantiram que os trabalhos da ordem estavam ali muito atrasados.

Subindo pela rua do Ouvidor, detinha o passo, procurava a numeração que quase não existia, viu alguns estabelecimentos de comércio europeu de aparência até atraente, finalmente identificou a casa, um sobrado bem cuidado, de grandes portas e janelas. Nem quis olhar muito em quem recebeu o baú, questão de segurança também. Se descobertos pelos soldados da rainha, passariam maus pedaços. Os toques, palavras e sinais convencionados foram repetidos corretamente. O pagamento estava certo e tratou logo de guardá-lo no bolso costurado por dentro da blusa. Apenas, para conferir, abriu o baú na frente do proprietário da casa: surgiram de relance espadas, punhais, timbres, chaves, triângulos, esquadros, compassos, prumos, livros, broches, fitas, panos coloridos bordados

* M. Laurent, pedreiro-livre francês que, segundo a tradição histórica da maçonaria, propiciou a instalação da primeira loja maçônica brasileira, em 1801.

com águias, caveiras, lágrimas e sol radiante. Devia estar tudo ali, os confrades na França eram zelosos. Laurent tratou de retirar-se, evitando os convites solícitos e fraternos do destinatário. Queria voltar para o navio, seguir viagem, sentir-se um pouco no chão flutuante de sua pátria. O baú chegara a seu destino e já fora aberto.

I. Origens: lendas e histórias

Misturar num mesmo balaio o Paraíso, Egito Antigo, Templo de Salomão, Ordem dos Templários, Ordem Rosa-Cruz, Profetas do Aleijadinho, Tiradentes, gênios da música clássica e personalidades da política mundial pode parecer caricato, ou um daqueles alegóricos e confusos enredos de escola de samba. Na verdade, trata-se de uma fórmula eficiente que já dura cerca de dois séculos na arte de convencer e agregar pessoas. A maçonaria é fértil em mitos de origem — e mito não quer dizer mentira. Mais do que desacreditar as lendas, vale assinalar o chão de onde se sonha. A ponte imaginária que uma narrativa lendária constrói entre o passado e o presente pode servir como "sal" da vida, uma vez que ajuda a dar sentido maior para um cotidiano muitas vezes sem graça.

Desta forma, as maçonarias se nutrem de lendas, mas também de tradições históricas concretas: a fronteira entre ambas nem sempre é bem definida. Uma dimensão alimenta e, ao mesmo tempo, enfraquece a outra. Difícil saber onde termina o fato histórico e começa o mito. Ambos estão amalgamados no cotidiano vivido pelos maçons, nos seus ritos, nas suas tradições, no seu imaginário e, sobretudo, na sua identidade. Ambas as narrativas, a histórica e a lendária são, portanto, verdadeiras.

Selo da loja Grande Oriente da França, matriz da maçonaria brasileira, em que se sobressai a cruz teutônica, formada por símbolos como o esquadro, que representa a ação do homem sobre a matéria, e o compasso, que remete ao espírito e à racionalidade científica.

Principais símbolos e expressões maçônicas

Acácia — A acácia-mimosa, planta símbolo da maçonaria, encontrada largamente em cemitérios: representa segurança, clareza, e também a inocência ou pureza de espírito que devem caracterizar o maçom.

Arte Real — Toda forma de hermetismo ou mesmo a maçonaria em geral, mas durante muito tempo denominava-se assim os vocabulários herméticos maçons, com seus códigos secretos que se expressam em letras e algarismos dispostos em determinados critérios e padrões só revelados e dominados pelos iniciados.

Avental — Símbolo do trabalho maçônico: branco, e de pele, para os aprendizes (com a abeta erguida) e companheiros (com a abeta baixada); branco orlado de vermelho ou azul (dependendo do rito), e com diversos símbolos maçônicos para os mestres.

Colunas — Nos templos maçônicos, representam os limites do mundo criado, da vida e da morte, do elemento masculino e do elemento feminino, do ativo e do passivo, do mundo material e do espiritual e dos signos do zodíaco.

Compasso — Simboliza o espírito, a racionalidade científica, o pensamento nas diversas formas de raciocínio e, também, o círculo (relativo) dependente do ponto inicial (absoluto). Os círculos traçados com o compasso representam as próprias lojas maçônicas ou o universo maçônico.

Esquadro — Resultante da união da linha vertical com a linha horizontal, é instrumento que simboliza retidão e, também, a ação transformadora do homem sobre a matéria e sobre si mesmo.

Filhos da Viúva – Expressão que designa os maçons. Surgiu em memória da viúva, mãe de Hiram, lendário arquiteto responsável pela construção do templo de Salomão.

Malhete – Pequeno martelo, emblema da vontade ativa, do trabalho e da força material; instrumento de direção, poder e autoridade.

Pavimento em mosaico – Chão em xadrez de quadrados pretos e brancos, que é característico dos templos; símbolo da diversidade do globo e das raças, unidas pela maçonaria; símbolo também da dualidade entre os mais diversos temas, como bem e mal, espírito e corpo, luz e trevas.

Pedra bruta – Símbolo das imperfeições do espírito que o maçom deve procurar corrigir; e também da liberdade total do aprendiz e do maçom em geral. Simboliza o caminho inicial na preparação do maçom.

Rito – O Rito consiste num conjunto de regras que orientam as cerimônias, os ornamentos do templo e todas as demais prescrições necessárias à realização dos trabalhos maçônicos. É o rito adotado que estabelece o número máximo de graus (posição hierárquica ocupada dentro da liturgia que estabelece o nível de conhecimento dos mistérios e da filosofia maçônica) a que um membro pode ambicionar. Os três graus iniciais, também chamados de "graus simbólicos", correspondem em todos os ritos aos de: aprendiz, companheiro e mestre. Após estes, o número de graus que o *iniciado* deverá galgar para atingir níveis mais elevados de conhecimento varia conforme o rito adotado. Há 33 graus no Rito Escocês Antigo e Aceito, 13 graus no Rito Adonhiranita, 3 graus no Rito de York e 7 graus no Rito Francês Moderno, para citar exemplos mais conhecidos. A maioria dos graus exerce mais a função de distinção do que de autoridade.

Três pontos — Utilizados na linguagem maçônica em forma de triângulo, têm várias interpretações compatíveis entre si: fé, esperança e caridade; liberdade, igualdade e fraternidade; luz, trevas e tempo; passado, presente e futuro; sabedoria, força e beleza; nascimento, vida e morte. O triângulo formado por esses três pontos representa também a primeira forma geométrica perfeita, dotada de tamanho e área num espaço.

Triângulo luminoso com olho no centro — Delta luminoso com "olho que tudo vê", símbolo da força expandindo-se; também representa o próprio Grande Arquiteto do Universo e sua onisciência.

Litografia mostrando o interior de um templo maçom, em que sobressaem símbolos esotéricos, como a mandala com o zodíaco no chão, as colunas e o "olho luminoso" pintado na parede.

Lendas universais: em busca do "elo perdido"

Há quem situe as origens da maçonaria no Éden, onde só havia perfeição entre os viventes. Tentar reconstituir esta harmonia, que estaria presente em todos os seus propósitos, em sua essência, enfim, é justamente o desafio dos maçons para a humanidade. Quem sabe mesmo antes do começo do universo? Como escreveu um conhecido historiador maçom, o reverendo George Olivier, em meados do século XIX:

> *As antigas tradições maçônicas dizem, e penso que elas têm razão, que nossa ciência existia já antes da criação de nosso globo, e estava espalhada entre os sistemas mais variados do espaço. A Instituição Maçônica era Coeva da criação do mundo, tal a semelhança de seus princípios com os da primitiva constituição que vigorava no Paraíso.*

Mais do que pensar no passado, tal afirmação parece ter relação com o futuro, ou pelo menos com projetos de futuro. A busca da Perfeição Universal tornou-se um dos pontos fortes do ideário maçônico. A questão é que não faltam seguidores, seja pelo despreparo diante da reflexão histórica, seja pela sede intensa de um sentido maior da existência (ou até simplesmente para se considerarem melhores que a maioria dos simples mortais), que acabam acreditando em tais origens paradisíacas. O Paraíso é um dos mais antigos e recorrentes mitos da história humana (como tão bem demonstrou o historiador francês Jean Delumeau) e a maçonaria, no fundo, não fez mais do que tentar dar-lhe um entre tantos sentidos tópicos ou utópicos, geográficos ou imaginados.

Nem todos os estudiosos da maçonaria, entretanto, vão tão longe, e em vez de se associarem ao Big Bang primordial ou ao território de Adão e Eva, preferem situar suas origens no Egito Antigo e em elementos da cultura judaico-cristã.

De modo que são muitos os que colocam a gênese da sociedade maçônica nos ritos iniciáticos da grande pirâmide egípcia de Queóps, práticas que foram sendo transmitidas oralmente, de geração a geração, passando pelo templo de Salomão e aportando, finalmente, na construção do primeiro templo maçônico. Estes relatos, por sua vez, emergem sempre relacionados à mitologia bíblica, auferindo desta a sua legitimidade. O elo de ligação maçônica entre o Antigo Egito e os relatos bíblicos seria Moisés, considerado um sacerdote *iniciado* e versado em todos os mistérios e conhecimentos ocultos dos templos egípcios. Aliás, sua ligação com o conhecimento egípcio estaria atestada pelo texto bíblico (Atos dos Apóstolos 7:22) que diz: "Assim foi iniciado Moisés em toda a sabedoria dos egípcios." De posse destes conhecimentos e temendo que os mesmos caíssem em mãos erradas, o profeta tratou de transmiti-los aos filhos de Israel por meio de alegorias e símbolos. Salomão, sendo seu descendente, recebeu o legado do conhecimento, repassando-o às gerações e aplicando-o na construção do templo de Iaweh (Javé), protótipo moderno do templo maçônico.

A identidade maçônica de Moisés e Salomão confere às maçonarias modernas uma linhagem extremamente nobre, quase sagrada. Em função disto, não foram poucos os esforços de arqueólogos e historiadores para concretizar tal narrativa. Escavações foram feitas, múmias dissecadas, hieróglifos comparados com símbolos atuais, muito papel e tinta foi gasto na tentativa de encaixar um dos chamados berços da civilização numa trajetória maçônica que se pretende gloriosa e quase imutável, vinda de tempos imemoriais.

Também se colocam insistentes rumores — sempre as lendas cercadas de lutas — que associam a Ordem dos Templários (de caráter religioso e militar, com papel destacado nas Cruzadas medievais) à maçonaria. Esta seria uma sobrevivência secreta daqueles guerreiros místicos cuja agremiação fora dissolvida violentamente no século XIV pelo papa Clemente V e que, quatro séculos depois, ressurgiu na Inglaterra, desta vez sob a forma da maçonaria, formando, portanto, uma continuidade. Alguns líderes dos templários se refugiaram efetivamente na Inglaterra e teriam conhecido trabalhadores pedreiros (maçons) no século XIV: e daí se afirma, com base em dados fluidos e fragmentados, que no século XVIII essa aproximação teria influenciado as organizações maçônicas. Não faltam pesquisadores a se embrenhar no cipoal de manuscritos, livros, documentos e interpretações controversas, seja para reforçar ou desmentir a tese. Além do mais, em termos de ligação, é preciso saltar séculos como se fossem semanas, mas tal defasagem cronológica se torna secundária diante do trunfo a apresentar: os templários podem fazer o *link* entre Jesus Cristo e a maçonaria, sendo as duas organizações irmanadas pela perseguição da Igreja do Vaticano. E fica mais fácil, assim, fazer a combinação simbólica entre os templários e os templos maçônicos. Entretanto, os maçons habituados à pesquisa histórica consistente não levam mais a sério, na atualidade, este suposto elo perdido.

A maçonaria também foi identificada, em sua gênese, à cultura helênica. O pitagorismo, muito popular na Europa até o século I antes da era cristã, é freqüentemente associado à maçonaria em função da relevância dada ao estudo da geometria e da astronomia (os pitagóricos imaginavam que seu princípio numérico era suficiente para a explicação das coisas), como também por organizarem-se "na mais pura fraternidade" entre os membros. A harmonia universal captada pelas fórmulas numéricas perfeitas. "Dizer a verdade e fazer o bem" era a súmula da moral pitagórica, não muito diferente das divisas maçônicas. Além disso, reza a lenda que os pitagóricos, de modo análogo à maçonaria, usavam roupas brancas, identificavam-se com apertos de mãos, toques e sinais. Os seus bens eram colocados em comum, sendo que nunca poupavam forças para ajudar um irmão necessitado. Esta narrativa, diferente das demais — carregadas de elementos da cultura judaico-cristã — dá à maçonaria uma outra linhagem, porém não menos nobre: a dos pensadores e filósofos de onde a cultura ocidental bebeu grande parte do seu conhecimento.

Das construções de pedra aos templos espirituais

Embora a maçonaria tenha se valido dessas e de inúmeras outras narrativas lendárias para compor sua constelação mitológica, foi, sobretudo em torno do personagem bíblico Hiram Abif, o arquiteto chefe da construção do templo de Salomão (ora tomado como lenda, ora como tradição histórica, a depender de quem o invoca) que ela organizou seu repertório simbólico. Diz a narrativa que Hiram, originário de Tiro, foi enviado ao rei Salomão para ajudar na construção do grande templo. Após assumir a direção dos obreiros, ele resolveu dividi-los em três categorias — aprendiz, companheiro e mestre — que possuíam palavras, sinais e toques diferentes para distingui-los na hora do pagamento. Ao perceberem o término das obras, três companheiros que não alcançaram a maestria, resolveram obter de Hiram a palavra e o sinal restrito aos mestres para conseguir um pagamento maior. Após recusar-se a revelar a palavra, Hiram foi golpeado pelos homens e caiu morto. Conta-se que, mais tarde, Hiram renasceu em uma árvore de acácia, representando o homem, filho da união do sol com a terra. Quanto aos obreiros envolvidos na construção do templo, após espalharem-se por todo o mundo, deram origem aos primeiros maçons da humanidade.

A história de Hiram Abif, a partir do século XVIII, foi bastante incorporada ao repertório da nascente maçonaria moderna, tornando-se a base de seus ritos, seja como lenda, exemplo simbólico edificante, seja como a mais pura verdade histórica, mas em ambos os casos como forma de dar legitimidade ao agrupamento que a invoca.

Independentemente de sua comprovação histórica (o que, aliás, pouco importa neste caso), o fato é que o poder de influência dessa narrativa no interior das maçonarias encontrou força na sua infinita repetição, no seu eterno recontar. Cada vez que se realiza um ritual maçônico, a lenda de Hiram é rememorada e sua lição moral introjetada. Na narrativa lendária, os maçons encontram o exemplo de fidelidade, de nobreza e de respeito às hierarquias, isto é, os valores e virtudes que todo membro da ordem deve resguardar. Tendo cessado para a arte operativa (a construção de edifícios materiais) os maçons atuais se propõem a simbolizar o trabalho de um templo espiritual. Essa espiritualização do templo de Salomão é a primeira das instruções da maçonaria.

Não por acaso, o aprendiz maçom é tido como semelhante a uma "pedra bruta" que, por sua imperfeição, necessita ser lapidada até o estado de perfeição para, por fim, compor o grande templo de Deus, a humanidade. Cada *iniciado* deve realizar um trabalho interno visando transformar-se numa pedra adequadamente desbastada para ocupar seu lugar no templo. Todo maçom sente-se, assim, herdeiro da nobre missão concedida a Hiram.

Imagem rara de iniciação de um mestre, em 1733. Tradicionalmente os olhos de quem se submete aos ritos maçons devem ser cobertos. Muitos destes ritos simulam uma situação de morte.

A passagem da morte e da ressurreição de Hiram serviu de inspiração também para os rituais de iniciação na ordem. Sabemos que os rituais de passagem baseiam-se em um esquema que comporta o sofrimento, a morte e a ressurreição. Em geral, morre-se para a vida profana, sendo a morte a suprema *iniciação*, o começo de uma nova existência espiritual. A morte, isto é, o abandono dos valores *profanos*, é representada no ritual maçônico pela câmara de reflexões, local fúnebre com paredes negras, caveiras e lágrimas, onde o neófito, após despojar-se de qualquer objeto de metal que tenha consigo, permanece algum tempo. A ressurreição é representada pelo desvendamento dos olhos, quando o neófito recebe a *luz*, ou seja, renasce como Hiram, transformado e experimentando uma nova existência de sabedoria. A partir deste momento, o novo membro torna-se apto a iniciar uma longa jornada rumo ao conhecimento, até que a "verdade absoluta" lhe seja revelada.

A câmara de reflexões

A câmara escura de reflexões é o símbolo do estado de consciência do profano que anda nas trevas e, por isso, nela se encontram os emblemas da morte e lâmpada sepulcral.

Nesse local, pintado de preto, figurando catacumba, cercado dos símbolos de destruição e morte, coloca-se um tamborete e uma mesa coberta com um tapete branco, sobre o qual há uma caveira, algumas migalhas de pão, um prato cinza, um relógio d'água, um galo, um tinteiro, penas e algumas folhas de papel para que o postulante escreva seu testamento. O recinto acha-se iluminado pela débil luz que expande a lâmpada sepulcral; num dos ângulos vê-se um ataúde junto a uma fossa aberta, ou um hipogeu também aberto numa das paredes, deixando ver um cadáver amortalhado. A câmara de reflexões significa a luta entre o corpo e seus desejos com o espírito e seus ideais; essa negra e escura câmara é o mesmo corpo que serve de prisão, de tumba e ataúde ao verdadeiro Ser interior. Por esse motivo, perto dos emblemas da morte se acham também certas inscrições na parede, cujo objetivo é levantar as energias e desenvolver a vontade do neófito.

Ao ingressar nessa câmara, tem o candidato de volver a seu estado de pobreza edênica, a desnudez adâmica antes de cobrir-se com a pele de todas aquelas aquisições que até então lhe foram úteis para chegar a seu estado atual e que são obstáculos para tornar ao seu primitivo estado. Deve afastar todo desejo, ambição, cobiça dos valores externos para conhecer-se a si mesmo; então, em seu interior, achará os verdadeiros valores espirituais. Dinheiro, bens, ciências são vaidades ante o conhecimento de si mesmo.

Portanto, o candidato deve estar livre e despojado dos metais: qualidades inferiores, vícios, paixões do seu intelecto, de suas crenças e preconceitos; deve aprender a pensar por si mesmo e não seguir, como cego, o conhecimento e crenças dos outros. Por último, a câmara de reflexões significa o isolamento do mundo exterior para poder concentrar-se no estado íntimo, no mundo interior para onde devem ser dirigidos os nossos esforços para chegar à Realidade. *É o conhece-te a ti mesmo* dos iniciados gregos. E a fórmula hermética que diz: *Visita Interiorem Terrae, Rectificandoque, Invenies Occultum Lapidem* (V.I.T.R.I.O.L.), ou seja, "Visita o interior da terra; retificando-te, encontrarás a pedra escondida". Quer dizer: desce às profundezas do ser e encontrarás a pedra filosofal que constitui o segredo dos sábios.

Assim como os ossos e imagens da morte, que se acham na parede da câmara, indicam a morte simbólica do neófito para renascer no mundo do espírito e indicam a morte aparente da verdade no mundo externo; assim também as inscrições que vestem as paredes do quarto indicam os conselhos do Ser interno, que têm por objetivo mirar, guiar o homem à verdade e ao poder. Essas inscrições são várias.

"Se te trazes aqui a mera curiosidade, vai-te."

"Se prestar homenagem às distinções humanas, vai-te, porque aqui não se conhecem."

"Se temes que te lancem em rosto os teus defeitos, não prossigas."

"Espera e crê... porque entrever e compreender o infinito é caminhar para a perfeição."

"Ama os bons; compadece-te dos maus e ajuda-os; foge dos embusteiros e a ninguém ouças."

"O homem mais perfeito é aquele que é mais útil aos seus irmãos."

"Não julgues levianamente as ações dos homens; elogia pouco, adula menos. Não censures nem critiques nunca."

"Lê e aproveita; olha e imita; reflete e trabalha; procura ser útil a teus irmãos e trabalharás para ti mesmo."

"Pensa sempre que do pó saíste e em pó te converterás."

"Nasceste para morrer" etc. etc.

Todos estes conselhos na câmara de reflexões e as demais figuras tétricas nos mostram que dentro do homem se acham a morte e a vida, a dor e a ventura, o engano e a iluminação. Se os cinco sentidos oferecem a morte, o espírito dá a vida eterna.

O esoterismo maçônico

Já a linguagem simbólica instituída pela maçonaria e o compartilhamento de rituais, mitos e alegorias decodificados apenas pelos irmãos da ordem favorecem a identificação e a coesão do grupo. A linguagem simbólica aproxima os homens de uma maneira mais eficaz e real do que a linguagem analítica. Se existe uma solidariedade total do gênero humano, ela só pode ser sentida no nível das imagens. Em um raciocínio próximo, o historiador inglês Eric Hobsbawm no livro *A invenção das tradições* lembra-nos como o compartilhamento de signos, sinais, toques, rituais de iniciação, isto é, de "tradições inventadas" que se dão a partir da continuidade com um passado histórico apropriado, inculcam normas de comportamento e criam sentimentos de identidade coletiva.

Éden, Templo de Salomão, Egito Antigo, templários, associados a outras referências como a Ordem Rosa-Cruz, compõem um conjunto de códigos com um evidente conteúdo esotérico. Formam uma linha narrativa surpreendentemente coesa, apesar da diversidade de épocas e situações misturadas e, mesmo, da inconsistência empírica de várias afirmações. Entre o ocaso do século XX e o raiar do século XXI, ou seja, em nosso tempo, tais esoterismos ganham força, por diferentes motivos. Entre eles, a permanência de uma visão da história como linha de continuidade, evolutiva, formando uma ligação mecânica, determinista e sem muitas mediações entre o passado remoto e o presente, alimentando-se de aspirações com traços messiânicos.

Para que um conjunto de narrativas e tradições se transforme em mito, elas devem estar adequadas às expectativas de seus atuais portadores — elaboração complexa que se faz em longa duração, polindo as arestas, desprezando elementos que se tornaram defasados, valorizando outros, enfim, elaborando suficientemente a narrativa através de gerações para que ela mantenha sua eficácia e seu sentido renovados.

Sendo assim, o ideário maçônico foi de certo modo pioneiro ao criar a convivência do racionalismo moderno com a adesão, hoje tão espalhada, a ancestrais coletivos e a referências esotéricas como cabala, alquimia, hermetismo, as sociedades iniciáticas egípcias, gregas e judaicas, os *Colegia Fabrorum* romanos, a cavalaria das Cruzadas... Sempre haverá um "pedreiro" tentado a colocar uma pedra no passado imaginado, e outro "pedreiro" ajudando a tirar pedras tidas como falsa deste "templo" repleto de tradições — gloriosas para uns, duvidosas para outros. É possível preparar um suculento sopão de letrinhas com tantos ingredientes simbólicos, ainda que as receitas divirjam sobre alguns itens.

Mas o que é exatamente esoterismo? Além de remeter a formas variadas de espiritualidade, em geral se apresenta como um conjunto de saberes mais ou menos secretos, velados ou inacessíveis

— os acalentados mistérios — ainda que divulgados e discutidos amplamente em meios de comunicação de massa. Esoterismo, como se sabe, remete em sua origem aos ensinamentos que, em escolas filosóficas da Antiguidade grega, eram reservados aos discípulos completamente instruídos. Ou seja, saberes ministrados a um círculo restrito e fechado de ouvintes que, assim, sentiam-se de algum modo privilegiados ou alçados a uma condição superior entre os demais, na medida em que se tornavam detentores de segredos e revelações. Daí a noção de ocultismo, com a qual se procuram saciar as mais variadas carências.

A interseção entre maçonarias e esoterismo, na verdade, tem várias vertentes. Uma, mais racionalista, identificada com o moderno Iluminismo europeu, afirma que os maçons são *iluminados* porque são *esclarecidos*, a partir do uso crítico da Razão. Outra, subdividida em tendências variadas, é mais mística: recria e atualiza mitologias religiosas, entre as quais a mais predominante é a aproximação com a Ordem Rosa-Cruz. Ambas vertentes, entretanto, têm em comum o fato de se acreditarem integradas por pessoas especiais, detentoras de alguma *Luz* que não está ao alcance da maioria.

Ordem Rosa-Cruz e Maçonaria

Maçonaria e Ordem Rosa-Cruz tornaram-se como amigas íntimas e, de certo modo, rivais e assemelhadas, apesar das especificidades de cada uma. Vários de seus rituais foram reciprocamente apropriados e recriados, mesclados, criando uma ligação sincrética complexa. É um tema que ainda hoje desperta posições apaixonadas e incompreensões mútuas, paradoxais em se tratando da busca de uma fraternidade comum e universal.

A história da Ordem Rosa-Cruz, mais acentuadamente religiosa, se confunde com a da maçonaria, partilhando lendas e lutas. Alguns querem que a Rosa-Cruz venha também do Antigo Egito, da seita dos essênios à qual teria Jesus Cristo, e fazem ainda ligações com os templários... Associa-se ainda o surgimento desta ordem aos religiosos perseguidos pela Inquisição da Igreja Católica Romana, na Idade Média, assim como à figura de um príncipe místico de Albi (cidade do sul da França, conhecida como cidade rosa, pelo material usado em sua construção e por seus desafios à doutrina oficial católica), Christian Rosencreuz, ou Cristão Rosacruz, personagem histórico ao qual foram atribuídas realizações mitológicas. Os membros da Ordem Rosa-Cruz (ou da Antiga e Mística Ordem da Rosa-Cruz, AMORC) também costumam conferir à instituição o atributo de ter juntado os templários, os essênios, os alquimistas, entre outros, numa mesma agremiação. Teriam em comum o fato de serem perseguidos pela Igreja Católica Romana, ou de não se enquadrarem nos seus cânones. Tratava-se de uma sociedade secreta, que ganha sua forma mais conhecida a partir de meados do século XVII e que, no século seguinte, teve caminho em comum com a nascente maçonaria moderna: vários de seus integrantes pertenciam a ambas instituições e o Rito Antigo Escocês, por exemplo, bastante adotado entre maçons, é composto de alguns rituais criados pela Rosa-Cruz.

Esta aproximação entre as duas designações serviu a movimentos de fraternidade e comunhão entre seus integrantes, mas também ajudou a proliferar atitudes antimaçônicas, na medida em que as heresias (doutrinas diferentes da estabelecida pela Igreja Católica Romana) eram associadas.

A junção da Rosa e da Cruz tem sentidos simbólicos bem variados e intensos. De modo mais concreto, é associada à cor do sangue que escorria de Cristo na cruz. Pode ser vista, também, como junção do imanente (a cruz) e do transcendente (a rosa), do terreno e do celeste, do masculino e do feminino, do Cristo e da Virgem, do material e do espiritual, do sofrimento e da sublimação.

Os "Grandes Homens"

Outra vertente das origens maçônicas (ou, melhor dizendo, da sua busca de legitimidade e propagação) está em apresentar como associados alguns dos chamados Grandes Personagens da História. Assim, a genialidade criativa de um Mozart, Voltaire e Goethe, a genialidade científica de um Louis Pasteur, a genialidade política em tendências e épocas variadas, como a de um George Washington, Benjamin Franklin, Simón Bolívar, San Martin, Winston Churchill e Theodore Roosevelt (sempre incorporando celebridades históricas nacionais específicas em cada país), são constantemente invocadas. Há uma associação entre os grandes nomes, a civilização ocidental, o progresso e a ordem nacional, como se fossem peças da mesma engrenagem. Constrói-se assim um espelho exemplar onde cada membro pode se mirar e se orgulhar de pertencer a uma estirpe de personalidades destacadas. Não se trata de discutir se tais figuras participaram ou não de alguma organização de tipo maçônico — na maior parte dos casos pertenceram — mas não necessariamente a uma mesma Maçonaria. Estamos aqui diante de mais um elemento mitológico, ou seja, a consagração de ancestrais.

É importante assinalar que tal mitologia personalista ganhou forma concreta no ritual maçônico através da adoção de apelidos:

quando um maçom se inicia nos "segredos", adota um pseudônimo de alguma personalidade expressiva do passado, maçônica ou não, para servir como referência, enfim, um codinome que o identifica no âmbito da instituição.

Sabemos que não basta ter vivido no passado ou ter morrido para se tornar um ancestral: esta escolha se dá a partir de determinados parâmetros e necessidades. A definição dos ancestrais, como nos ensinam os antropólogos, está relacionada às tentativas de coesão de um grupo e de afirmação de identidade. Quanto melhores e mais exemplares os ancestrais, mais possibilidades de servirem como mote de congregação. Do ponto de vista da concepção de história, temos aí uma visão tradicional, na linha de um historiador como Thomas Carlyle do século XIX, ainda hoje vigente em boa parte do senso comum e dos meios de comunicação: atribuir grandes feitos a grandes nomes, como se a vontade destes fosse o principal motor da História. Tal concepção deixa de lado a lúcida lição de Karl Marx: a história ocorre efetivamente com atos coletivos e individuais, depende da ação humana, mas esta ocorre em determinados limites e circunstâncias que, muitas vezes, independem da vontade de seus protagonistas. Porém, uma das forças do mito é, justamente, ser apresentado como atemporal, onipotente, onipresente e onisciente.

Está claro que existem símbolos que perpassam, em todos os tempos, as mais diversas civilizações. Alguns são arquétipos, ou seja, na perspectiva analítica tão cara a Carl Jung: imagens coletivas compartilhadas por toda a humanidade. As formas triangulares e as cruciais (em forma de cruz) estão neste rol. E, neste sentido, pode-se afirmar que as maçonarias têm símbolos em comum com o Egito dos faraós, por exemplo, cujo período terminou há cerca de três milênios. Mas afirmar um elo histórico de ligação contínua (e mantido de forma secreta!) entre épocas tão distantes e distintas é, no mínimo, um equívoco. Estes símbolos universais fazem parte das maçonarias, como de outras manifestações. Pode-se dizer que as maçonarias pertencem a tais símbolos, mas eles não pertencem exclusivamente a elas.

O diabo em pessoa: narrativas lendárias antimaçônicas

Em 1885, o ex-maçom e jornalista francês Gabriel Jogand Pages, mais conhecido como Leo Taxil (que fora *iniciado* na maçonaria e expulso ainda quando aprendiz) lançou o livro que horrorizaria a Europa e perturbaria a Santa Sé: trata-se da obra campeã de vendagem chamada *Os mistérios da franco-maçonaria revelados*. O objetivo da publicação era o de denunciar ao mundo a existência de uma ordem maçônica altamente secreta chamada Palladium, no interior da qual haveria maçons completamente endiabrados dançando ao redor de Baphomet, a aterrorizante criatura de corpo humano com cabeça de bode. Em algumas de suas passagens, o livro descrevia o aparecimento pessoal de Satanás em rituais maçônicos — "aparentemente ele tomou a forma de um crocodilo e tocou piano" — e os laboratórios secretos sob Gibraltar onde demônios fabricavam germes de pestilência para devastar a Europa católica.

O livro ficou tão famoso que Taxil ganhou uma audiência com o papa Leão VIII, em 1887, que acabou por patrocinar sua campanha antimaçônica e a publicação de vários outros livros. Finalmente, em 1897, em um salão de leituras, Taxil comunicou que iria reunir um grupo de pessoas para apresentar uma senhorita que desejava renunciar a satã e converter-se ao catolicismo. A Igreja, ansiosamente, aguardou a data do acontecimento. No dia marcado, o salão encontrou-se abarrotado de religiosos, maçons e jornalistas. Qual não foi a surpresa de todos quando Taxil informou que nada havia que revelar, porque nunca havia existido a tal Ordem Palladium e que tudo não passava de uma brincadeira que visava ridicularizar a credulidade católica. A lição de Taxil para aquela platéia era clara "o demônio só existe na cabeça de quem acredita".

Ao que parece, a lição de Taxil não foi aprendida. Apesar de todos terem ouvido de modo indignado a sua confissão, seria tarde demais para a maçonaria. Sua imagem já se encontrava solidamente associada às práticas satânicas, rituais macabros e, principalmente, à incômoda figura de Baphomet.

Como se vê, nem só de histórias bíblicas, heróicas e exemplares é constituído o conjunto lendário que explica as origens da maçonaria e alimenta o imaginário acerca dessa sociedade. Há também aquelas narrativas que, ao contrário de enaltecer e legitimar a organização dos pedreiros-livres, procuram desqualificá-la, relacionando sua origem e seus objetivos com tudo o que há de mais obscuro e contrastante com os valores morais, principalmente, no que se refere àqueles advindos da cultura cristã.

Seja por razões de natureza religiosa, por desavenças políticas ou tão-somente com o intuito de criar polêmica, o fato é que as chamadas narrativas antimaçônicas são tão ou mais abundantes do que as elaboradas pelos próprios maçons. Aliás, são também mais criativas e pitorescas, o que as tornam mais populares e freqüentes na imaginação coletiva.

Não obstante a constante referência a elementos esotéricos, assim como a representações do imaginário cristão como o inferno e o diabo, todos os escritores antimaçônicos, ironicamente, procuraram dar um caráter de cientificidade aos seus relatos, embasando-os, no dizer destes, em uma "sólida" documentação e metodologia.

O padre brasileiro Teófilo Dutra, por exemplo, ao escrever, em 1931, sua obra *As seitas secretas*, procurou mostrar que a ciência era útil à Igreja no momento de desmascarar os seus inimigos: "Sabe ela [a Igreja] que a ciência lhe presta auxílio direto [...] a ciência é um ácido que dissolve todos os males [seitas] exceto o ouro [cristianismo]." Todavia, apesar de buscar fundamento e legitimidade na ciência, as fontes utilizadas pelo padre, assim como pela maioria dos detratores da maçonaria, possuíam procedência duvidosa. Vinham, em geral, "de um amigo da Europa que as enviara secretamente pelo correio"; de padres que "pertenceram" à maçonaria e que, após a abjurarem, resolveram delatar os seus segredos ou de moribundos que, em busca do perdão no leito de morte, resolveram confessar seus pecados maçônicos.

A satanização da maçonaria

A diabolização caricatural da maçonaria foi uma das principais estratégias de ataque aos pedreiros-livres. Não foram poucos os autores que interpretaram a maçonaria como "o anticristo, profetizado por Jesus". A sustentação desta acusação foi uma tarefa relativamente simples, visto que a simbologia maçônica, com sua influência egípcia e cabalística e com seus misteriosos rituais e cerimônias de *iniciação* propiciaram e até alimentaram essas associações imagéticas.

Ao explicar, por exemplo, a origem da maçonaria, o já citado padre Dutra narrou uma história pitoresca, baseada, segundo ele, "na filosofia e no critério". Dizia que, após terem-se desenvolvido as corporações de pedreiros-livres, o diabo teria percebido a propriedade dessa sociedade e teria dela se apoderado. Em seguida, amalgamou na maçonaria todas as heresias que havia feito brotar na terra e a transformou na "seita tenebrosa", a quinta-essência das heresias, a síntese de todas elas. Já em outras versões elaboradas por escritores católicos, a maçonaria descenderia ora da cabala judaica, do gnosticismo ateu e, até mesmo, do herege protestantismo. Desse modo, independente da versão que narra a origem da maçonaria, ela constituir-se-ia, por natureza, como uma instituição de pecado. Desde a sua origem, ela seria inimiga da Igreja e amiga do diabo, "do qual é filha reverente".

Complô maçônico: um mito forte

Outro argumento muito utilizado nos escritos antimaçônicos foi o da "ilusão maçônica". De acordo com este discurso, os maiores iludidos com a maçonaria seriam os seus próprios membros, que, assim como o mundo profano, desconheceriam os verdadeiros interesses da ordem. Os membros de baixa graduação serviriam apenas para que a "seita" se apresentasse perante a sociedade como uma organização do "bem", uma vez que seria composta por pessoas respeitáveis como padres, nobres e até reis. Dessa forma, haveria duas maçonarias, a exterior e a oculta, como explica Ramos Oliveira no livro *A ilusão maçônica*:

> *Essa maçonaria que funciona em templos, que se exibe em público com festas cívicas e filantrópicas; que possui estabelecimentos registrados nas repartições governamentais [...] é apenas o corpo material ou instrumento irresponsável de outra vida latente (o invisível) que opera às ocultas, cujo chefe é inteiramente desconhecido pelos mesmos asseclas e cujo número de participantes é reduzidíssimo, a fim de se não disseminar o alto segredo de suas verdadeiras finalidades e planos.*

O mais eficiente e mais explorado discurso antimaçônico foi, sem dúvida, o do complô maçônico. Surgido na Europa do século XIX, juntamente com os mitos do complô judeu e do complô jesuítico, as três narrativas de complôs assumiram força tal que alimentaram grande parte de nosso imaginário político ao longo do século passado e do retrasado. A idéia de que o segredo maçônico escondia sempre o seu caráter conspiratório influenciou vários escritores, sendo que, cada um deles deu ao mito uma versão particular. Que a maçonaria conspirava, todos esses autores sabiam. O objetivo de tal conspiração é que recebeu explicações diversas: instaurar o reino de satanás, impor a anarquia, o comunismo, o capitalismo ou até mesmo, a dominação judaica universal. Este último objetivo, inclusive, foi amplamente divulgado pelo *Os protocolos dos sábios de Sião*. Livro apócrifo e hoje considerado uma das maiores falsidades do século, *Os protocolos* foi publicado pela primeira vez na Rússia, em 1905 e denunciava "como" os judeus, ao controlarem as finanças, a imprensa, os governos mundiais e a maçonaria, colocavam em ação o seu plano de dominação mundial.

Como conseqüência do mito do complô, a maçonaria passou a ser associada praticamente a todos os acontecimentos que marcaram a humanidade nos últimos séculos. Por trás de cada fato, de cada decisão política, de cada guerra, de cada calamidade, estaria a maçonaria, planejando, maquinando, manipulando. Nem mesmo os Estados Unidos, grande potência mundial, estariam livres dos desígnios maçônicos. Pelo contrário, tendo em vista que nessa nação reside a maior comunidade maçônica do mundo, de lá sairiam as principais decisões norteadoras dos destinos da humanidade. Reza a lenda que o próprio presidente americano Woodrow Wilson, em 1913, teria dito, numa clara referência à maçonaria, que "existe um poder em algum lugar tão organizado, tão sutil, tão atento, tão entrelaçado, tão completo, tão disseminado e abrangente, que é melhor abaixar muito bem a voz ao dizer qualquer coisa em condenação a ele".

Dessa maneira, por baixo das grandes ondas da história humana fluiria a corrente subterrânea e furtiva das sociedades secretas, que freqüentemente determinam, nas profundezas, as mudanças que serão feitas na superfície. Diante de tais "evidências", ou na impossibilidade de refutar tais acusações (afinal, quem pode afirmar com certeza a autoria dos destinos humanos?), o mais prudente e seguro parece ser acreditar na maçonaria como uma sociedade poderosa e onipresente.

Essa crença, aliás, é reforçada nos momentos de crise. O próprio mito do complô maçônico surgiu como conseqüência dos abalos causados pela Revolução Francesa e pelo advento da modernidade. Diante de transformações tão rápidas e profundas, difíceis de explicar e de digerir, as pessoas buscavam formas de tornar o destino novamente inteligível ou, ao menos, coerente. Para tal, bastava encontrar um agente a quem pudesse incutir todas as responsabilidades. Sendo a maçonaria uma sociedade fechada e cercada de mistérios, ela acabava por reunir todas as características que fariam dela o "bode expiatório" da vez.

Porém, ao contrário do que seria de se esperar, todo esse conjunto lendário antimaçônico não gerou somente efeitos nocivos à sociedade maçônica. Isto porque tais narrativas acabaram criando uma supervalorização do papel da maçonaria nos destinos da história mundial. Quanto mais os detratores da ordem reafirmavam sua imagem conspiratória, mais eles colaboravam para que os pedreiros-livres emergissem como importantes agentes históricos aos olhos da sociedade, o que, de alguma maneira, acabou propagandeando a maçonaria e tornando-a, no imaginário popular, bem mais poderosa do que, de fato, ela foi ou é.

Além disso, o discurso antimaçônico desconsiderou o fato de haver divisões no interior da ordem, tratando-a como uma instituição unívoca, coesa e universal, o que, na verdade, ela nunca conseguiu ser. De maneira que foram poucos os acusadores da maçonaria a perceberem que supervalorizar o inimigo é a melhor maneira de torná-lo ainda mais poderoso.

Surge a maçonaria moderna

Lendas à parte, pode-se afirmar que a maçonaria, em sua moderna concepção tal como a conhecemos, surge historicamente apenas na Europa do século XVIII. Apesar das mitologias que remetem a formação da maçonaria à Antiguidade — seja essa egípcia, grega ou judaica —, as raízes remotas desta sociedade iniciática encontravam-se na Europa medieval.

Antes de chegarem aos moldes atuais, as formas de associação que desembocaram nas modernas maçonarias passaram por longo processo de transformação, desde as corporações de ofício dos construtores de catedrais, em meados do século XIII. Os homens ligados à arte da construção, em função da natureza itinerante do seu trabalho, acabavam por não se vincularem a nenhuma cidade ou feudo, possuindo o privilégio da livre circulação e da não sujeição à servidão e aos impostos. Como conseqüência desta prerrogativa, que na época era concedida pela Igreja, formulou-se, nos canteiros de obras ingleses, o nome franco-maçom ou pedreiro-livre. A palavra "franco" qualificava o indivíduo livre da servidão. Já a palavra "maçom", originária do francês, língua oficial dos ofícios, quer dizer pedreiro, não só o operário, mas também os arquitetos, chamados mestres de pedraria.

A antiga organização dos franco-maçons passou a ser conhecida pelos estudiosos do tema como maçonaria "operativa", uma vez que se compunha, exclusivamente, de construtores. Suas finalidades, entretanto, ultrapassavam as questões puramente profissionais. A franco-maçonaria encontrava-se carregada de conteúdos religiosos expressos na adoção de símbolos cristãos e na estreita relação com o clero. Cada ofício possuía um santo padroeiro e sua sede era estabelecida em uma igreja ou capela. Além dos deveres religiosos que se impunham, o ofício dos pedreiros-livres assumia preocupações caritativas, como o socorro aos doentes e a missa para os mortos.

A partir dos séculos XVI e XVII, tais confrarias começaram a admitir os "membros aceitos", isto é, não vinculados aos ofícios da construção. Os "aceitos" ingressavam na ordem interessados em participar de uma nova forma de associação, que garantia o intercâmbio e o acolhimento dos maçons durante seus deslocamentos pelas cidades. Além disso, as confrarias ofereciam a possibilidade de compartilhar entre si preciosos conhecimentos filosóficos e esotéricos. Em conseqüência desta política de abertura a homens de diferentes ocupações, dentre eles filósofos hermetistas e alquimistas, o elemento "aceito" foi se tornando cada vez mais numeroso, a ponto de o caráter "operativo" da ordem ser substituído por um escopo de natureza puramente "especulativa".

Ocorreu, assim, uma releitura das tradições corporativas a partir de novas referências culturais que visavam tornar a maçonaria um local de aperfeiçoamento moral e intelectual do homem. Tal fenômeno de transformação da maçonaria "operativa" em maçonaria "especulativa", também chamada de moderna, ocorreu na Grã-Bretanha, mais especificamente na Escócia. Este pioneirismo britânico explica-se pelo precoce declínio de suas corporações de ofício e, conseqüentemente, do desenvolvimento de uma economia de mercado.

Na formação de uma maçonaria especulativa, ocorre o surgimento da primeira Grande Loja Maçônica, em 24 de julho de 1717. Nesta data, quatro lojas de Londres decidiram constituir uma organização unificada sob o nome de Grande Loja de Londres, considerada a loja-mãe da maçonaria universal, colocando-se sob a autoridade de um grão-mestre. Este evento marca, simbolicamente, o início da maçonaria moderna. Com a formação da Grande Loja, solicitou-se ao pastor e maçom James Anderson uma compilação dos antigos preceitos, costumes e regulamentos gerais da ordem. Assim, em 1723, foi publicada a obra que veio a receber o nome de *Constituição de Anderson* contendo a história lendária da instituição, suas obrigações e leis fundamentais. Estes dois últimos tópicos tornaram-se o instrumento jurídico básico da moderna maçonaria.

A unificação das lojas maçônicas em torno de um núcleo comum e de preceitos básicos não se deu de forma tranqüila e, ainda nos dias atuais, encontra obstáculos. Algumas lojas londrinas questionaram as mudanças introduzidas pela constituição de Anderson, principalmente as relacionadas às obrigações dos maçons em relação a Deus e à Igreja. Os maçons resistentes à união, também chamados de "antigos", alegavam que os "modernos" — provenientes da unificação ocorrida em 1717 — haviam descristianizado o ritual maçônico, ignorando os dias santos e omitindo as orações. A união entre os "antigos" e os "modernos" ocorreu somente em 1813, quando estes últimos aceitaram rever os artigos da constituição que se referiam à religião.

Mantendo sempre uma postura deísta, ao contrário da maçonaria inglesa de caráter teísta, os maçons franceses, em 1877, suprimiram da constituição as cláusulas relativas a Deus e à alma, consideradas dogmáticas. Tal fato marcou a ruptura maçônica com a Grande Loja da Inglaterra declarando irregular o Grande Oriente Francês, situação que perdura até os dias atuais. De modo que, a partir deste cisma, consolidaram-se as duas principais vertentes maçônicas: a inglesa, regular e ortodoxa; e a francesa, irregular e heterodoxa.

Não obstante as dificuldades apontadas acima, a ordem maçônica, partindo de um fenômeno circunscrito às ilhas britânicas, alcançou uma expansão espetacular pelos países, havendo, em 1738, mais de 270 lojas espalhadas pela Europa, Ásia e colônias inglesas na América. Em 1723 ela estava na Escócia; em 1725, na França; em 1730, nos Estados Unidos; em 1733, na Itália; em 1735, na Holanda e em Portugal; em 1737, na Alemanha; em 1740, na Suécia; em 1745, na Dinamarca; em 1765, nos países austríacos; em 1771, na Rússia; e em 1773, na Suíça. Este crescimento, porém, não ocorreu de modo uniforme, dando-se com menor intensidade nas regiões onde a presença da Igreja Católica e do aparato inquisitorial mostrou-se mais forte, como em Portugal, Espanha e Itália.

Assim, a forma como se processou essa expansão conferiu à maçonaria especificidades nacionais.

Maçonaria nas revoluções

Com maior ou menor intensidade, as diferentes maçonarias desempenharam um papel significativo no quadro das revoluções nacionais da segunda metade do século XVIII e começo do século XIX. Por exemplo, nos anos que precederam a Revolução Francesa (1789-1799), que gerou o ocaso do Antigo Regime, verificou-se um crescimento considerável do número de lojas em todo o território francês. Muito embora houvesse maçons em ambos os lados do campo de batalha, isto é, entre os revolucionários franceses e os tradicionais aliados da monarquia absoluta, a expansão da atividade maçônica reflete bem sua participação no processo revolucionário à medida que as lojas transformavam-se em espaços propícios à discussão e à divulgação de idéias.

Também nas colônias da América foi destacada a presença de maçons nos processos de independência. No caso da Revolução Americana de 1776, é inegável a militância maçônica de líderes como Benjamin Franklin, George Washington e La Fayette, o que não quer dizer, porém, que os Estados Unidos se formaram a partir de uma "revolução maçônica", como exageram alguns apologistas dessa sociedade.

No caso das colônias espanholas, é consenso na historiografia o fato de que as idéias difundidas pela maçonaria serviram para que os colonos ricos tomassem consciência da injustiça do pacto colonial e para a elaboração de jornais e documentos. Neste caso, ressalta-se a atuação do precursor dos movimentos de independência,

Francisco Antônio Gabriel de Miranda y Rodrigues. Este, após ser *iniciado* na maçonaria dos Estados Unidos, fundou em Londres a Logia Gran Reunión Americana, destinada a preparar militantes para lutar pela independência da América espanhola. Esta loja foi um foco de expansão do ideal de independência, tendo preparado lideranças como Bernardo O'Higins, Simón Bolívar, Antônio Nariño e José de San Martin. Todavia, assim como no caso da Revolução Americana e da Revolução Francesa, não podemos falar em revolução maçônica, já que havia maçons em ambos os lados — e nem todos os revolucionários eram maçons.

Nas raízes da democracia contemporânea

Tanto no caso das independências nacionais americanas como na crise dos absolutismos europeus, as lojas maçônicas transformaram-se em terreno propício à divulgação do ideário da Ilustração. Nestes diferentes casos de passagem de um antigo a um novo regime, as maçonarias foram uma das mais expressivas formas (mas não única) de organização política. Pode-se mesmo afirmar que tais associações tiveram um desempenho significativo no momento histórico correspondente aos primeiros esboços de modernidade política: a atividade maçônica está, pois, na origem da efetivação de práticas políticas democráticas contemporâneas, como assinala o historiador Ran Halevi.

Guardada pelo segredo, a maçonaria constitui-se em "poder indireto", uma vez que se torna um local de discussão de questões de cunho político, sem, contudo, estar sob o controle e a vigência do Estado. O segredo permitia a esta instituição apresentar-se como apolítica, mesmo configurando-se como um importante agente político.

Contudo, a tentativa de escapar do controle do Estado não é a única explicação para uma postura revolucionária ou oposicionista da maçonaria. Ao contrário, o posicionamento dessa instituição frente aos regimes políticos variou de acordo com uma série de fatores (elementos históricos, religião, região, conjunturas) que ultrapassam o simples fato de constituir-se como um lugar protegido pelo segredo. Até por seu ideário de progresso, ainda que difuso, as maçonarias tendem a ser mais evolucionistas e pregar mudanças graduais.

É comum, portanto, entender a maçonaria como uma sociedade que surge em sintonia com os novos espaços e valores modernos, tomando-a como o melhor exemplo do novo conceito de sociabilidade que, no século XVIII europeu, era identificado como civilização. A maçonaria foi o lugar da circulação de idéias e aprendizado de práticas modernas tais como: a escolha dos associados, eleição para os cargos maçônicos, o debate entre os pares e a deliberação. A participação em órgãos representativos no interior da organização maçônica, bem como o debate e a elaboração de leis, embasados na substituição do nascimento pelo mérito, preparariam o homem para uma nova forma de se colocar em público.

Estruturando-se em novas formas de organização do social, não mais centradas na solidariedade corporativa e na autoridade tradicional, mas, sim, no indivíduo enquanto ator político e social, a maçonaria moderna surge como uma "escola de governo", onde se podia debater e discutir dentro das modernas regras constitucionais.

Todos esses aspectos da sociabilidade maçônica permitem-nos entender por quê, em vários períodos da história marcados por momentos de grandes rupturas, a maçonaria tornou-se uma sociedade bastante atrativa. Além da proteção fornecida pelo segredo e pela defesa da liberdade de consciência, o que permitia debates mais acalorados, a maçonaria apresentava-se também como uma instituição cosmopolita. Presente em vários países, ela formava em certos casos, dentro dos limites da época, redes de comunicação que favoreciam a circulação e a troca de informações de maneira mais rápida e segura (o que era muito importante em tempos sem internet e televisão!). Não foram poucos, aliás, os momentos em que a maçonaria, apesar de suas especificidades nacionais, funcionaria como uma luneta por onde homens do mundo todo espreitaram o tão invejado processo civilizatório europeu.

O ideário maçônico entre luzes e sombras

Não existe uma ideologia maçônica perfeita e coerente. Mas, sim, um conjunto de valores e símbolos. Quais os principais traços do vasto ideário maçônico? A maçonaria considera a si mesma como uma instituição universal e composta de um corpo de doutrinas acabadas, que permaneceram imutáveis através dos tempos. Entretanto, é justamente a diversidade assumida pela ordem nas diferentes partes do mundo que dificulta a tarefa de demarcar o campo conceitual maçônico. Apesar disso, é possível perceber uma gama de símbolos e valores baseada nas divisas do progresso, razão, liberdade, igualdade, moral e fraternidade — além, é claro, dos diferentes ritos compartilhados internacionalmente.

O pensamento maçônico, que nasceu no contexto do Iluminismo, mostra-se herdeiro da crença no progresso. O preâmbulo do Código maçônico brasileiro de 1914, por exemplo, apresenta os objetivos da maçonaria como sendo "o aperfeiçoamento material, moral e intelectual da humanidade, por meio da investigação constante da verdade científica, do culto inflexível da moral e da prática desinteressada da solidariedade". Para a maçonaria, a razão e a ciência são tidas como os principais instrumentos que levarão a humanidade a atingir um futuro de moral e virtudes que são certos e comuns a todos os povos, uma vez que se crê na unicidade da natureza humana. Subjacente à idéia de universalismo do discurso maçônico, ou seja, na crença utópica em uma civilização perfeita que seria comum a todos os povos, há, todavia, um eurocentrismo disfarçado, havendo uma confusão entre aspirar a Perfeição universal com o processo civilizatório europeu.

As maçonarias em geral afirmam a liberdade de consciência como uma de suas divisas. Afirmando-se como um espaço onde os homens colocam suas idéias e opiniões sem nenhuma restrição, a maçonaria acabou por constituir-se numa escola de formação política, na medida em que permitia e estimulava o livre debate e a deliberação. Esta característica da sociabilidade maçônica, aliada ao seu caráter secreto, levou muitos pensadores a procurá-la como abrigo, em diferentes contextos de perseguição. Por outro lado, em situações críticas como nas ditaduras no Brasil do século XX, veremos que a organização maçônica negou tal preceito de liberdade de consciência.

A liberdade de culto e a tolerância foram, dos conceitos próximos à liberdade de consciência, os que mais repercutiram nos séculos XVIII e XIX. Evidenciando sua herança moderna e iluminista, a constituição de Anderson afirma que "seja qual for a religião de um homem, ou sua forma de adorar, ele não será excluído da ordem, se acreditar no glorioso Arquiteto do céu e da terra [...]".

Outra divisa bastante propagada pela Ordem dos Pedreiros-Livres diz respeito às virtudes maçônicas. A loja é vista, antes de tudo, como um local de aperfeiçoamento moral. Assim, ao adentrar a ordem, o membro é instruído acerca da "moral universal", terminologia maçônica referente a um conjunto de virtudes as quais vê-se obrigado a praticar, tais como a bondade, lealdade, honra, honestidade, amizade, tranqüilidade, obediência, fraternidade etc. A prática das virtudes deve refletir-se no modelo de vida adotado pelos maçons fora das lojas. Assim, o maçom virtuoso deve, por exemplo, santificar a família e o lar, sendo um bom pai, um bom filho ou um bom esposo, condenando o vício do jogo e do álcool e insurgindo contra a imoralidade das modas e divertimentos nocivos.

Fraternidade entre *irmãos*

A fraternidade é entendida de várias maneiras: auxílio mútuo, filantropia, caridade e modo de convívio entre os *irmãos*. Corresponde à virtude mais associada às práticas maçônicas. Diz a constituição de Anderson que os maçons devem "praticar a caridade fraternal, que é a pedra fundamental, a chave, o cimento e a glória" da antiga confraria. A maçonaria, enquanto associação de socorro mútuo, encontra na fraternidade sua essência. Foi justamente esta concepção ampla de fraternidade (que ultrapassa fronteiras internacionais, barreiras religiosas e culturais) que tornou a maçonaria uma organização *sui generis*. Com diferentes significados — a ajuda entre os *irmãos* e o socorro aos necessitados em geral — a filantropia ligada à noção de fraternidade tornou-se instrumento de coesão entre os maçons, bem como a base de sustentação no mundo *profano*.

Vale assinalar que a fraternidade propalada pela maçonaria dá-se, primeiramente, entre os próprios *irmãos*. Em caso de vários necessitados em igual situação, o ato de caridade deve ter como alvo prioritário o *iniciado*. De modo geral, a ajuda prestada aos *irmãos* corresponde ao auxílio material, em contexto de carestia, e o socorro às viúvas e órfãos de maçons que passaram para o "Grande Oriente Eterno", ou seja, que faleceram. Os maçons vêem-se, também, obrigados a acolher, proteger e ajudar da melhor maneira os *irmãos* que, devidamente identificados como membros da ordem, venham de outras regiões ou países. Por fim, a solidariedade maçônica reflete-se nas inúmeras outras relações estabelecidas entre os obreiros em espaços *profanos*. Frente a isto, parece claro que a estrutura de ajuda mútua, criada dentro da ordem maçônica, acabou por representar um importante instrumento de cooptação de homens para a instituição, o que, por vezes, gerou distorções sobre o verdadeiro propósito da *iniciação* nas lojas.

A fraternidade entre os *irmãos* pode também ser entendida como uma nova proposta de convívio entre os homens, pautada na cordialidade, no respeito e na conduta pacífica dos membros.

Finalmente, outro grande preceito maçônico é o da igualdade. Todos os obreiros, diz a maçonaria, "consideram-se iguais entre si e irmãos, só havendo entre eles as diferenças que decorrem da prática da virtude". A maçonaria pretende ser um espaço de encontro onde os homens veriam anuladas suas diferenças provenientes do nascimento, da classe, da religião ou da nacionalidade, havendo como único critério de diferenciação, o mérito individual. Dentro da loja, homens de diferentes posições no mundo *profano* sentariam, comeriam e cantariam juntos, sem distinção. Todavia, não há como negar que a dimensão da igualdade maçônica encontrou inúmeras oscilações ao longo da história. As hierarquias e distinções do mundo *profano*, por vezes, refletiram-se no interior das lojas.

Os pré-requisitos para que um homem adentrasse a maçonaria mantiveram, principalmente ao longo dos séculos XVIII e XIX, aspectos excludentes, uma vez que seus critérios ultrapassavam as questões do mérito pessoal. Segundo o texto da Constituição de Anderson, "as pessoas admitidas na qualidade de membros das lojas devem ser homens bons e leais, de nascimento livre, de idade madura e razoável, de boa reputação, sendo proibido admitir na maçonaria escravos, mulheres e homens imorais, cuja conduta seja motivo de escândalo".

Há, contudo, uma nítida incoerência no discurso igualitário maçônico que não encontra justificativa em nenhum contexto histórico. Fundamentando-se sobre uma forma aguda de distinção — os *iniciados* e os não *iniciados*, os que habitam as *luzes* e os que se mantêm nas trevas. A maçonaria acaba por colocar seus obreiros como qualitativamente superiores aos *profanos*. Igualdade e desigualdade, eis outra forma fluida de interseção entre as sombras e as *luzes*.

As maçonarias são, portanto, marcadas por uma série de contrastes e ambigüidades:

— nacional / universal

— nacionalismo / eurocentrismo

— fraternidade / hierarquia

— político / apolítico

— igualdade / desigualdade

— segredo / difusão

— *luzes* / trevas

Diante destes contrastes, pode-se comparar a ordem maçônica a um tecido que, visto de longe, aparenta forma e cor homogêneas. Analisado de perto, entretanto, o tecido revela cruzamento de diferentes matizes que se mantêm unidos por pontos de interseção, que nada mais são do que o fundo comum simbólico que conforma a identidade maçônica. Esse fundo comum, composto por divisas como a do progresso, razão, liberdade, igualdade e virtude e por um agrupamento de símbolos e ritos, corresponde aos liames que impedem o total esgarçamento deste tecido e, conseqüentemente, o surgimento de instituições distintas.

Se pensarmos assim, caem por terra os vários mitos que, criados tanto por maçons como por seus opositores, superdimensionam o poder de coesão e organização maçônico e, conseqüentemente, alimentam a imagem de uma sociedade poderosa e onipresente. Ao contrário, vemos que a história da maçonaria revela não tanto uma essência maçônica professada universalmente e, mais, um conjunto de normas e valores passíveis de interpretações e apropriações múltiplas.

Ao traçarmos a trajetória da maçonaria no Brasil, chegamos ao questionamento de determinados mitos. Afinal, como afirmou o filósofo francês Michel Foucault, a verdadeira e boa pesquisa histórica não é aquela que se assenta no que já está estabelecido, que se contenta com crenças consolidadas; ao contrário, "ela agita o que se percebia imóvel, fragmenta o que se pensava unido; mostra a heterogeneidade do que se imaginava em conformidade consigo mesma".

A "miragem" dos arquivos maçônicos

Afinal, onde estariam os propalados arquivos maçônicos? Esta peculiar pouca visibilidade de fontes documentais gera uma ambigüidade que pode causar um conhecimento escorregadio: determinadas informações são repetidas sem que se saiba exatamente de onde surgiram, embasando interpretações controvertidas e "fatos" nem sempre comprovados. Ainda mais quando o assunto é confrontado com a produção intelectual de escritores maçons, algumas vezes mais preocupados em construir e preservar uma memória da identidade institucional: como supostos detentores de acervos que não podem ser revelados, em alguns casos fazem afirmações sem comprová-las.

Entretanto, sabe-se que na França, por exemplo, as maçonarias doaram os acervos anteriores ao século XX para a Bibliothèque Nationale. Na Espanha, a repressão franquista, em nome de um catolicismo conservador, acabou incorporando boa parte desta documentação aos arquivos públicos. E no Arquivo da Torre do Tombo, em

Portugal, há significativos documentos sobre o assunto. No Brasil, especula-se sobre a existência de "tesouros" documentais que estariam escondidos em poder das instituições maçônicas, mas até que ponto não estaríamos aqui diante da chamada "miragem dos arquivos"? É possível que parte do acervo maçônico referente ao século XIX no Brasil tenha se dispersado ou se perdido em mãos de particulares, colocando-se para os pesquisadores o desafio de trabalharem com os documentos dos arquivos públicos, que são muito mais vastos sobre o tema do que se pode supor à primeira vista. Há, por exemplo, na Fundação Biblioteca Nacional, vasta documentação maçônica do século XIX, como jornais, boletins, panfletos, livros, manifestos e manuscritos. Alguns trabalhos acadêmicos (teses e dissertações) têm começado a decifrar este enigma histórico que foram as primeiras maçonarias.

Bibliografia

Eric Hobsbawm e Terence Ranger (orgs.). *A invenção das tradições*. 3ª ed. Rio de Janeiro: Paz e Terra, 2002.

Raoul Girardet. *Mitos e mitologias políticas*. São Paulo: Companhia das Letras, 1987. Ensaio sobre o imaginário político ao longo dos dois últimos séculos, organizado em torno de quatro grandes conjuntos mitológicos: a idade de ouro, o salvador, a unidade e a conspiração.

Ran Halévi. "Les Loges maçonniques dans la France d'ancien régime: aux originnes de la sociabilité démocratique", *Cahiers des Annales*. Paris: A. Colin, vol. 40, 1984.

Para estudo das origens históricas e mitológicas da maçonaria ver também Paul Naudon. *A maçonaria*. São Paulo: Difusão Européia do Livro, 1968.

Maurice Agulhon. *Pénitents et francs-maçons de l'ancienne Provence: essai sur la sociabilité méridionale*. 3e éd. Paris: Fayard, 1984. Obra clássica escrita como tese em 1968 e que reintroduz, na historiografia contemporânea, o estudo das sociabilidades e das maçonarias.

Dezenas de obras tratam do papel das associações (maçônicas ou não) na Revolução Francesa, destacando-se: Augustin Cochin, *Les Sociétés de pensée et la Révolution en Bretagne: 1788-1789*. 2 vol. Paris: Champion, 1925; Jean Boutier & Philippe Boutry. Les Sociétés politiques, in Serge Bonin (dir.) *Atlas de la Révolution Française*, vol. 6, Paris: Ecole de Hautes Etudes en Sciences Sociales, 1992.

Alexandre Mansur Barata. *Maçonaria, sociabilidade ilustrada e independência do Brasil (1790-1822)*. São Paulo-Juiz de Fora: Annablume-EDUFJF-FAPESP, 2006.

Alexandre Mansur Barata. *Luzes e sombras: a ação da maçonaria brasileira (1870-1910)*. 1ª ed. Campinas: Editora da Unicamp — Centro de Memória da Unicamp, 1999.

Frederico Guilherme Costa. *O que é maçonaria*. Londrina: Editora Maçônica A Trolha, 1997.

Sobre os preceitos maçônicos e sua linguagem simbólica ver Françoise Jean de Oliveira Souza. *Vozes maçônicas na província mineira (1869-1889)*. Belo Horizonte: UFMG. Dissertação de mestrado, 2004.

Marco Morel. *As transformações dos espaços públicos: imprensa, atores políticos e sociabilidades na cidade imperial (1820-1840).* São Paulo: Hucitec, 2005. Sobretudo a parte III.

Na internet há literalmente milhares de informações sobre as origens da maçonaria, algumas produzidas por maçons, outras anônimas. Em geral são variadas, trazem versões diferentes entre si e poucas resultam de pesquisas históricas consistentes. Ver, como exemplo de referências: "A Fraternidade Rosacruz", http://www.maconaria.net/rosacrucismo.shtml; "A Maçonaria e o Antigo Egipto", http://www.maconaria.net/egipto.shtml; "A Ordem Rosa-Cruz e a Maçonaria", http://www.culturabrasil.org/maconariaerosacruz.htm; "As Origens da Maçonaria", pelo Ven. Irmão Lucas Francisco Galdeano, http://www.maconaria.net/origens.shtml; "Maçonaria: Tensões e Perguntas por J. Scott Horrell", http://www.monergismo.com/textos/seitas_heresias/maconaria_scott.htm

A revista *Nossa História*, ano 2, n. 20, junho 2005, trouxe um importante dossiê histórico sobre a maçonaria no Brasil, incluindo discussões sobre as origens e informações sobre ritos e símbolos.

César Vidal. *Os maçons: a sociedade secreta mais influente da história.* Rio de Janeiro: Relume Dumará, 2006.

II. Primeiros passos

Os PRIMEIROS PASSOS SEMPRE SÃO INSEGUROS. Sabemos que as referências maçônicas chegaram ao Brasil na segunda metade do século XVIII, de modo fragmentado, através de homens iniciados na Europa. Mas só é possível comprovar a existência de maçonarias funcionando de maneira regular no território brasileiro a partir do início do século XIX. Ou seja, em fins dos Setecentos já havia pedreiros-livres nascidos no Brasil, mas somente no raiar do século seguinte é que se conhecem lojas regulares.

A fase inicial situa-se numa intermediária penumbra, de contornos imprecisos e cores pouco nítidas. Mas, num lago silencioso, qualquer pedrinha jogada repercute mais intensamente. Olhos atentos estão voltados sobre este passado primordial, captando os menores gestos ou sinais, levantando dúvidas e reverberando insinuações.

Tiradentes e as origens lendárias brasileiras

Antes do início do século XIX, navegamos pelo nebuloso mar das lendas não comprovadas historicamente. A literatura maçônica, porém, é fértil em afirmar o contrário.

Tiradentes teria sido maçom e a Conjuração Mineira uma conspiração maçônica em prol da libertação nacional, articulada a movimentos internacionais. Muitos maçons, historiadores ou não, aventuraram-se a escrever sobre o episódio para desvendar sua "verdadeira" história e demonstrar o papel crucial da maçonaria na definição dos acontecimentos em torno de 1789 em Minas Gerais.

Em geral, essas narrativas começam demonstrando que a Conjuração não foi um episódio regional. Tal movimento teria feito parte de um projeto internacional elaborado para tornar livre todos os povos. A Conjuração, a Revolução Francesa (1789) e a Independência dos Estados Unidos (1776) seriam expressões de um mesmo fenômeno: a manifestação revolucionária por democracia e liberdade que sacudiu a Europa e a América por meio das atividades maçônicas. Os conspiradores mineiros não planejariam uma revolta, segundo este argumento, se não tivessem certeza de que os *irmãos* americanos prestariam auxílio ao restante do continente. O projeto também incluía a Europa, sendo a França o palco escolhido para os contatos que uniriam o Brasil "ao elo dessa corrente universal de liberdade". Percebe-se que a idéia do elo de corrente reforça a imagem de que todos os movimentos do século XVIII estavam meticulosamente interligados e articulados por intermédio da maçonaria.

Outra informação fornecida por obras maçônicas corresponde à origem da bandeira de Minas Gerais. "Se ainda, ao mais incrédulo dos incrédulos restasse um resquício de dúvida quanto à origem maçônica da Conjuração Mineira, bastaria contemplar-lhe a bandeira. É indiscutivelmente de inspiração maçônica", afirma Tenório D'Albuquerque, principal estudioso dessa sociedade a defender a tese de uma Inconfidência maçônica. Utilizando como disfarce a idéia da santíssima trindade, na verdade, o triângulo representaria a trindade sagrada da maçonaria: liberdade, igualdade e fraternidade. No interrogatório relatado nos autos da devassa, ao ser perguntado sobre o significado da bandeira, Tiradentes teria respondido sagrada trindade e não santíssima. Tal detalhe supostamente passou despercebido ao escrivão.

Prova maior da importância do triângulo como símbolo maçônico teria se dado no momento da execução de Tiradentes, quando o suposto maçom e capitão Luiz Benedito de Castro não distribuiu as tropas em círculo como de costume, mas formou um triângulo humano em torno do patíbulo. A multidão "não poderia compreender o significado simbólico daquele triângulo, mas Tiradentes, no centro dele, compreendia aquela última e singela homenagem", descreve outro autor maçom do século XX, Raimundo Vargas.

A glorificação de Tiradentes pelos maçons

As narrativas maçônicas encontram explicação também para um instigante mistério: o sumiço da cabeça de Tiradentes. A urna funerária contendo a cabeça do herói da Conjuração teria sido retirada secretamente às altas horas da noite pelos "irmãos" remanescentes do movimento. O roubo da cabeça teria sido, segundo Raimundo Vargas, uma das primeiras afrontas da maçonaria às autoridades repressoras portuguesas, mostrando-lhes que "a luta só começava". Segundo autores maçons, não teria sido por acaso que, no mesmo local onde a cabeça de Tiradentes fora exposta, o então presidente da província mineira e grão-mestre da maçonaria brasileira em 1874, Joaquim Saldanha Marinho, a 3 de abril de 1867, ergueu uma coluna de pedra em memória do mártir considerado maçom.

Assim se entende em quais circunstâncias a maçonaria tomou Tiradentes como símbolo maior no Brasil já no século XIX. A partir de 1870, ocorreu um crescimento acelerado no número de lojas maçônicas no país e muitas destas foram batizadas de "Tiradentes". Freqüentemente, suas bibliotecas tinham o conjurado por patrono e até mesmo os jornais maçônicos carregavam seu nome. Já no século XX, Tiradentes parece ganhar em definitivo um lugar de destaque no panteão maçônico, tornando-se patrono da Academia Maçônica de Letras.

E a engrenagem simbólica continuou se recriando em longa duração. Ainda em 17 de abril de 1956, maçons iniciaram uma discussão na Assembléia Legislativa com o intuito de restaurar o uso do triângulo vermelho, supostamente maçônico: na época, utilizava-se o verde. O trabalho de Tenório D'Albuquerque, *A bandeira maçônica dos inconfidentes*, no qual ele utiliza as explicações maçônicas para justificar o vermelho, foi lido na sessão da Assembléia, atingindo o objetivo esperado. O triângulo vermelho voltou à bandeira de Minas e o Estado aceitou oficialmente a sua versão maçônica sobre a Conjuração Mineira.

Além de legitimar a instituição maçônica perante a sociedade brasileira, a imagem de Tiradentes acaba agindo como forma modeladora do indivíduo. Uma vez que a maçonaria é uma instituição apegada à defesa de valores morais, a simbologia carregada por Tiradentes — virtuoso, patriota, corajoso e religioso — oferece o modelo de homem que a maçonaria deseja possuir dentro de seus templos. Nesse sentido, pode-se dizer que os símbolos possuem também o poder de criar consenso e homogeneidade.

Deste modo, aliando recursos literários e emotivos, anseios políticos e busca de tradições, foi se construindo uma sólida e atraente teia narrativa que se expandiu além das fronteiras maçônicas e ganhou força na memória coletiva da sociedade. Recentemente, surgiram trabalhos elaborados por historiadores (maçons ou não) mais criteriosos, que refutam muitas das teses apresentadas. Contudo, tais críticas ainda não foram suficientes para destronar do simbólico templo maçônico a divulgação em torno da figura do mártir mineiro.

Dúvidas sobre a maçonaria na Conjuração Mineira

Diferente da maioria das publicações maçônicas, a historiografia acadêmica ou profana encontra-se longe de um consenso acerca da participação ou não da maçonaria na Conjuração. As hipóteses oscilam entre o papel central dos maçons na elaboração dos planos, até a negação total de sua participação no episódio. Convém destacar que a atual compreensão daqueles eventos, que passaram à posteridade com o nome de Conjuração Mineira, se baseia na percepção de uma movimentação local, típica dos antigos regimes coloniais, que buscava possíveis ampliações quando foi interrompida, sem passar da fase da conspiração. Situava-se, portanto, na lógica política e administrativa de um território dividido em capitanias, não em uma nação brasileira preexistente, definida e reprimida. Evidente que tais episódios podem ser situados e compreendidos numa conjuntura mais ampla, internacional, denominada também de Era das Revoluções, o que não significa que havia laços concretos e efetivos entre localidades distantes, nem poderosas organizações secretas traçando seus rumos.

Percebendo a presença maçônica no movimento, mas não a supervalorizando, o historiador Márcio Jardim, após apontar algumas provas da presença de maçons no episódio, ressalta que a Conjuração não foi dirigida por esses e que nem todos os conjurados eram *iniciados* nessa sociedade. A atuação maçônica teria sido importante, mas secundária. Seu papel teria sido apenas o de aglutinar idéias e pessoas.

O autor observa ainda como a maçonaria dos dias atuais apropria-se da figura de Tiradentes, o que revelaria um desejo de mostrar poder acima do comum, causando-lhe surpresa o fato de "boatos sobreviverem ao tempo e à evidência das provas contrárias". Na mesma linha de raciocínio, Oiliam José, em comentário sobre a obra *A maçonaria e a Inconfidência Mineira* de A. Tenório D'Albuquerque, faz a seguinte crítica: "Não chegou, todavia, a convencer [...]. Que havia maçons na conjuração mineira é verdade lógica, documentada e aceitável. Partir, porém, dessa verdade para maçonizar o movimento não cabe, crê-se, dentro de uma realidade histórica, hoje conhecida."

Por fim, em posição oposta à tradicional historiografia maçônica, Lucio José Santos não descarta a possibilidade de ter existido uma loja maçônica no Tijuco, e de conjurados que a freqüentavam. Contudo, o fato de não haver nenhum vestígio da ação propriamente maçônica nos autos da devassa (inquérito aberto pela Coroa portuguesa para investigar o episódio), seria a maior prova da ausência dessa sociedade na conjuração, uma vez que "a devassa desceu a todas as minúcias; nada se respeitou". Também argumenta que se a maçonaria possuísse bastante prestígio a ponto de ser a idealizadora do movimento, ela teria forças para impedir a condenação de seus membros. Finalmente, o autor contesta as constantes afirmações de que a expressão "mazombo" utilizada pelo coronel Domingos de Abreu para referir-se a Tiradentes tenha o mesmo significado que a palavra maçom. O termo mazombo significava insulto ou filho do Brasil, de onde conclui que "Tiradentes não era maçom e que, provavelmente, não o eram os conjurados, em sua maioria".

Parecem existir indícios de que maçons passaram pelas Minas setecentistas. Analisando os processos luso-brasileiros da Santa Inquisição em fins do século XVIII e início do XIX, o historiador mineiro Alexandre Barata encontrou denúncias contra mineiros de Vila Rica e do Tijuco, tais como o médico Luiz José de Godoi Torres e José Vieira Couto, acusados de serem libertinos, heréticos, críticos da religião católica e maçons. Todavia, fica evidente que os maçons existentes nas Minas coloniais, ao contrário do que sugerem os relatos maçônicos, foram *iniciados* na Europa e não em reuniões secretas realizadas na capitania mineira. José Vieira Couto, por exemplo, não foi *iniciado* no Tijuco. Interrogado pela Inquisição sobre sua *iniciação* maçônica, Vieira Couto relatou ter sido introduzido à ordem em Lisboa, numa casa onde habitavam vários oficiais franceses pertencentes aos reais exércitos emigrados, isto é, oficiais contra-revolucionários. Por fim, sabe-se que muitos estudantes brasileiros de Coimbra e Montpellier *iniciaram-se* na maçonaria européia e trouxeram seus valores para o Brasil. Alguns desses estudantes como José Álvares Maciel e Domingos Vidal ajudaram nos planos dos conjurados. Isto posto, é possível crer que elementos maçônicos já se mostravam presentes em Minas Gerais ainda no século XVIII.

Todavia, é preciso relativizar o peso e o papel das organizações maçônicas na Conjuração Mineira. Não é possível mensurar em que medida os maçons presentes no movimento agiram em nome das instituições ou individualmente. Se houve lojas maçônicas em Minas ou em outras capitanias nesse período, elas eram irregulares, ou seja, não se vinculavam a nenhuma *potência* central e, logo, não eram organizações institucionalizadas e com o funcionamento semelhante ao das outras organizações maçônicas internacionais.

Seriam maçons os *Profetas* do Aleijadinho?

Outro conjunto mitológico, desta vez embasado numa cultura material, é associado à maçonaria. As estátuas dos 12 profetas bíblicos, esculpidas por Aleijadinho em Congonhas do Campo (MG) no início do século XIX, no adro da igreja Bom Jesus de Matosinhos, representariam não somente maçons, mas especificamente os conjurados mineiros de 1789. O autor maçom Luiz Gonzaga Rocha esmerou-se em fazer a analogia. Baseando-se no caráter político e religioso dos profetas do Antigo Testamento e de suas frases bíblicas, faz uma espantosa e minuciosa associação com a precária biografia dos personagens da Conjuração Mineira. Seguindo este rumo, Jonas seria Tiradentes; Isaías, Domingos de Abreu Vieira; Daniel, Tomás Antônio Gonzaga; Joel, Cláudio Manoel da Costa, e assim por diante. O mesmo autor lança insinuações: não pode afirmar ou negar tais assertivas, sobre as quais, entretanto, garante não ter "nenhuma dúvida".

Outras origens lendárias

Deixando de lado o emaranhado sinuoso das Minas Gerais, autores maçons preferem situar a fundação da maçonaria no Brasil em outro episódio, conhecido como Conjuração Baiana (1798), através da loja Cavalheiros da Luz, que teria existido em Salvador nos anos que precederam a descoberta da conspiração. Vários nomes das elites baianas, de posições ideológicas diferentes, são associados a tal agremiação, que aparece também ligada à passagem do capitão da Marinha de Guerra da República Francesa, Antoine-René Larcher, na capital da Bahia naquele período. Não existe nenhuma evidência documental conhecida sobre a existência desta agremiação. Todas as referências que se multiplicam, inclusive em livros didáticos, se baseiam numa afirmação do historiador Borges de Barros, diretor do Arquivo Público da Bahia no começo do século XX.

Acontece que Borges de Barros não cita em que se fundamenta para comprovar a existência deste grupo que chama de Cavalheiros da Luz, nem se conhece nenhum documento neste sentido. Não há citação nos copiosos autos das duas devassas instauradas para investigar o episódio. Na documentação deixada pelo capitão Larcher sobre a Bahia, recentemente desvendada, fala-se da conspiração, mas sem nenhum indício ou alusão maçônica ou menção sobre o agrupamento. No Fundo Maçônico da Bibliothèque Nationale, de Paris, que inclui vasto material dos séculos XVIII e XIX, também não há nada a respeito. E os historiadores acadêmicos que se debruçam sobre o assunto, entre os quais Luís Henrique Dias Tavares e István Jancsó, são unânimes em afirmar a falta de provas sobre esta agremiação — a qual, mesmo que tenha existido, pode ter sido um grupo secreto não-maçônico, ou uma sociedade de leitura e discussão de textos proibidos.

É importante levar em conta que as maçonarias foram precedidas na América portuguesa de academias *ilustradas* que funcionavam sob certo controle e, mesmo, a partir da iniciativa de autoridades. Essas instituições, ainda que efêmeras ou reduzidas, produziram manuscritos e impressos, gerados nesses círculos de homens de letras. Na Bahia, foram criadas a Academia Brasílica dos Esquecidos (1724) e a Academia Brasílica dos Renascidos (1759), com produção cultural expressiva. No Rio de Janeiro existiram: Academia dos Felizes, em 1736; Academia Científica do Rio de Janeiro, de 1771 a 1779; Sociedade Literária, de 1786 a 1790, retomada em 1794. Sem esquecer o importante Aerópago de Itambé, Pernambuco, 1796. Embora não se possa estabelecer ligação direta entre tais agremiações de cunho iluminista e científico e as futuras maçonarias, é possível assinalar que o fechamento desses grupos culturais favoreceu a formação de outros espaços de encontro, escondidos ou não.

Viagens: a maçonaria chega ao Brasil

Para que as maçonarias se concretizassem era preciso atravessar oceanos. Ainda mais para os viajantes que transpõem fronteiras em contato com revoluções: impressos proibidos ou desconhecidos, palavras mobilizadoras, recursos, armamentos e munições, sementes, exemplos e lições. As práticas maçônicas atravessavam não apenas o Atlântico, mas realizavam a ultrapassagem dos limites convencionais de uma esfera pública absolutista, criando novas maneiras de associação, ainda embrionárias, mais identificadas com a modernidade política e suas novas hierarquias, que não eram as mesmas do Antigo Regime.

Neste sentido, mesmo que não indicassem uma organização maçônica efetiva, os primeiros maçons nascidos no Brasil eram muitas vezes associados às chamadas práticas heréticas ou libertinas, como tão bem salientou o historiador Alexandre Barata. Ou seja, destoavam no comportamento, antes mesmo de formularem projetos políticos, criarem novas instituições ou aderirem a determinados ritos. No apagar do século XVIII, comumente chamado de século das *Luzes*, é interessante constatar que Antônio Carlos de Andrada (ver boxe) foi preso em Coimbra, onde estudava na universidade em 1794, sob acusações de ter pronunciado frases do tipo:

> *...que Deus é muito amigo do homem, e por isso quer que tudo o que é felicidade e divertimento do mesmo homem, que ter cópula com mulheres é divertimento e felicidade para o homem, sendo com moderação tal, que não estrague a saúde, e por isso não pode ser contra a vontade de Deus, exceto sendo com mulher casada, porque então é injustiça, demais disto, Deus quer que o homem conserve a sua saúde, e que as cópulas muitas vezes conduzem para a saúde do mesmo homem, por lhe dar suas descargas...*

Antônio Carlos (que seria também um dos pioneiros da atividade maçônica no Brasil pouco tempo depois), segundo a mesma denúncia, reclamava das rezas constantes, das superstições e crendices e, durante as missas, prestava mais atenção nas mulheres do que na liturgia. Deste modo, mesmo sem se ligar necessariamente a conspirações ou tentativas de revoluções, havia comportamentos desviantes que iam corroendo as normas estabelecidas e que se classificavam no amplo espectro das tendências chamadas libertinas, que rompiam com a moral predominante, regulada pela Igreja Católica inquisitorial.

A libertinagem foi uma das marcas da Ilustração do século XVIII, levando para os costumes o espírito ousado e irreverente dos letrados que pertenciam a uma vasta e internacional República das Letras. É interessante ver que tal tendência germinou entre habitantes das colônias católicas e ibéricas nas Américas. Condenada pela Igreja, a libertinagem ganhou este nome graças a uma heresia surgida na Holanda no século XVI: acreditavam que havia um único Deus para todas as criaturas vivas, que a alma morria com o corpo, que os pecados listados pela Igreja não eram tão graves e que o inferno era invenção dos teólogos. Foram duramente perseguidos.

E não haveria contradição entre o ideário maçônico defensor do templo da moral e das virtudes e as práticas libertinas? Os próprios enciclopedistas se encarregariam de responder que não. O verbete da *Encyclopédie*, de Diderot e D'Alembert sobre o assunto, é um primor da sutil e convicta defesa desta união entre as Luzes da razão e o predomínio do instinto que leva ao prazer dos sentidos, tendência também conhecida como sensorialismo. Afirmando que libertinagem é um meio-termo entre a volúpia e a devassidão, a *Encyclopédie* propõe que deve ser perdoada quando acompanhada de filosofia, bom gosto e espírito, acrescentando ainda que o amor, assim como a mesa, tem suas formas de libertinagens. É mais um dos fascinantes paradoxos que compunham a identidade maçônica em seus primórdios.

Certos prazeres da mesa eram constantemente alardeados como indício de pertencimento maçônico no Brasil em fins dos Setecentos, como demonstra Alexandre Barata. Muitas denúncias ao Santo

Ofício partidas da América portuguesa no século XVIII delatavam pessoas que comiam carne vermelha em dias santos ou na Semana Santa, que se banqueteavam com luxúria, que faziam festins regados a farta comida e proposições heréticas...

Antônio Carlos de Andrada

Dos três irmãos Andrada mergulhados no processo de Independência do Brasil, José Bonifácio era intelectual denso, Martim Francisco tinha a poderosa racionalidade de um ministro da Fazenda, mas Antônio Carlos Ribeiro de Andrada Machado (Santos, 1773 – Rio de Janeiro, 1845) era o mais extrovertido e capaz de ações ousadas. Orador famoso, que arrebatava platéias e intimidava os adversários, esteve presente em momentos decisivos dos primórdios da nacionalidade brasileira, conhecendo o topo do poder, mas também exílio e prisões. Antônio Carlos iniciou-se nas maçonarias ainda em Coimbra (onde formou-se em Direito) em fins do século XVIII, esteve à frente do Grande Oriente de 1809 e participou do governo revolucionário de 1817 em Recife. Integrou de modo ativo o Apostolado, sociedade secreta não-maçônica criada para rivalizar com o Grande Oriente Brasileiro de 1822, ao qual também pertencia. A prisão entre 1817 e 1821 parece ter sido um divisor de águas em sua vida. Até então, apesar de ocupar cargos importantes no aparelho de poder colonial, como os de juiz e magistrado, era um assumido libertino e ousado contestador do poder político. Depois disso, pelo menos em público, tornou-se sóbrio varão do Império brasileiro e implacável perseguidor de seus oponentes, alguns dos quais foram presos durante o ministério de seu irmão José Bonifácio em 1822. Figura destacada nas Cortes de Lisboa e na primeira Assembléia Constituinte brasileira, Antônio Carlos participou da redação do projeto da primeira Constituição, não implementado. Novamente detido com a dissolução da Constituinte por ordem de d. Pedro I, passou cinco anos exilado na França — o que não o impediu de em 1831 ir à Europa para tentar viabilizar a volta do mesmo d. Pedro ao poder. Integrou o núcleo restrito que articulou o bem-sucedido golpe da Maioridade antecipando a chegada de d. Pedro II ao trono em 1840, o que lhe valeu o cargo de primeiro-ministro do Império do segundo Reinado. Deputado várias vezes, escrevia poemas, muitos dos quais publicados.

Assim como Antônio Carlos, existiram outros jovens nascidos no Brasil que transitavam neste difuso campo cultural e político que mesclava elementos variados, como as referências iluministas, a contestação aos padrões morais vigentes, o gosto por leituras às vezes proibidas, o impacto da independência americana e da Revolução Francesa e as novas formas de sociabilidade, maçônicas ou não. Nem todos eram maçons, nem todos eram revolucionários, nem todos sonhavam com um Brasil independente, mas vivenciavam em diferentes níveis aquele período de mudanças de referências. Além dos nomes já citados em Minas Gerais, existiram outros, inclusive denunciados ao Santo Ofício — embora nem todas as denúncias fossem verdadeiras e nem todos os verdadeiros maçons tenham sido denunciados.

Caso sugestivo — por revelar o ambiente da época — foi o de Antônio Morais e Silva, que viria a ser autor do primeiro dicionário considerado brasileiro. Estudante em Coimbra, viu-se denunciado em 1779 por um colega, Francisco Cândido Chaves, como maçom, junto com outros estudantes. Francisco Cândido, novato na universidade, contou ter sido convidado por Morais e Silva para tornar-se pedreiro-livre e, levado a uma casa com outros colegas, teria se *iniciado*. O mesmo Cândido optou então por levar a denúncia ao Santo Ofício, alegando que seus colegas não freqüentavam as missas aos domingos e dias santos e que criticavam abertamente os dogmas da Igreja. A Inquisição imediatamente resolveu investigar. Morais e Silva apresentou-se espontaneamente às autoridades e prestou depoimento, alegando que tudo não passara de uma brincadeira ou trote com o calouro. Entretanto, Morais e Silva não aguardou a resolução inquisitorial e fugiu para a Inglaterra. Seis anos depois, de volta a Portugal, compareceu de novo ao Santo Ofício e pediu perdão pelos erros cometidos, entre os quais de ser herético, libertino e pedreiro-livre e recebeu penitências religiosas como punição.

Os pioneiros

Em meio à repressão e à falta de hábito, surgiram os pioneiros maçons. A loja Reunião é considerada como a primeira no Brasil, criada e reunindo-se regularmente em 1801, segundo testemunho decisivo de José Bonifácio de Andrada e Silva (primeiro grão-mestre do Grande Oriente Brasileiro, em 1822) — repetido pelos historiadores. Note-se que naquele ano Bonifácio estava em Portugal e afirma ter se *iniciado* em 1802. Logo, não participou da criação deste agrupamento no Rio que, segundo ele, foi a "primeira Loja Simbólica Regular" do Brasil, ligada ao Grand Orient d'Île-de-France (Ilhas Maurícias). A revelação foi feita pelo personagem em 1831 e, mesmo assim, ele não divulgou os nomes dos integrantes brasileiros. A visita de M. Laurent, maçom francês, ao Rio de Janeiro em 1803, seria provavelmente ligada à existência desta loja. Este misterioso "Cavalheiro Laurent" veio na corveta de guerra *Hydre*, que fazia a rota para a ilha Bourbon. Há também testemunhos, vagos, de que já em 1800 existiria uma loja chamada União, no Rio de Janeiro, formada por pessoas destacadas na administração pública. Existindo a suposição de que esta União, após ser reconhecida pelos maçons franceses e ganhar outros adeptos locais, passou a se chamar Reunião.

Além dos franceses, o Grande Oriente de Portugal desempenhou papel importante nos primórdios maçônicos no Brasil. A criação de duas lojas no Rio de Janeiro, em 1804, Constância e Filantropia, é atribuída à iniciativa do *irmão* Francisco José de Araújo, que estabeleceu contatos sigilosos. Ainda aqui, zonas de sombra. Havia rivalidade entre franceses e portugueses na criação das primeiras maçonarias no Brasil.

O primeiro ano do século XIX parece ter sido decisivo para a implantação de agremiações maçônicas no Brasil. Em Pernambuco, Francisco de Paula Cavalcanti de Albuquerque, chefe de poderosa oligarquia de grandes proprietários de terras, criou no seu engenho Suassuna um agrupamento onde "os adeptos e aprendizes, não só da Província e nacionais, mas ainda estrangeiros, achavam luz, agasalho e subsídios" para "cultivar, propagar e arraigar a ciência oculta da Liberdade", segundo testemunho do padre Joaquim Dias Martins, que utilizava mal disfarçada linguagem maçônica para registrar o ocorrido. O senhor de engenho e seu irmão Luis Francisco foram presos acusados de conspiração, gerando o episódio conhecido como Conspiração dos Suassunas ou Conjuração de Pernambuco. É de se anotar que o velho Francisco, seu irmão e filhos envolveram-se também na República de 1817, sofrendo prisões e repressões implacáveis das autoridades que lhes confiscaram (por meios legais e ilegais) toda a fortuna, deixando-os em situação de pobreza — preço que pagaram pela constância e coerência do engajamento político contra o absolutismo. Supõe-se a existência de outras lojas maçônicas em Recife na mesma ocasião, mas a documentação foi destruída na época e as perseguições abafadas através de suborno às autoridades.

Ao mesmo tempo na Bahia surgiu em 1802 a loja Virtude e Razão, encerrando logo seus trabalhos e sucedida cinco anos depois pela Virtude e Razão Restaurada e, posteriormente, reergue-se a primeira, com o nome de Humanidade. O impacto da chegada da Corte portuguesa no Brasil em 1808 (passando pela Bahia e instalando-se no Rio de Janeiro) com a abertura dos portos às nações com as quais Portugal tinha relações diplomáticas intensificou o fluxo comercial, no amplo sentido da palavra comércio.

Tanto que data de 1809 a instalação do Grande Oriente, ou Governo Supremo, em Salvador, agrupando as lojas pernambucanas, baianas e cariocas, segundo presenciou o padre e maçom Francisco Muniz Tavares, pioneiro e criterioso historiador dessa geração. A iniciativa desse primeiro agrupamento maçônico coletivo no Brasil, incluindo pelo menos nove lojas, teve entre seus articuladores e provável grão-mestre o paulista Antônio Carlos de Andrada (o mesmo "libertino" de Coimbra), que circulava pelo Rio de Janeiro e seria nomeado ouvidor de Olinda, em Pernambuco. O padre Muniz Tavares acrescenta, ainda que fazendo as ressalvas que exigiam o segredo maçônico, que tal Grande Oriente atuava "concedendo a seus membros plena garantia de pensar, oferecendo mútua comunicação de idéias, e socorros, facilitando a correspondência por todos os lugares, e exigindo inviolável segredo do seu procedimento, a concepção do projeto, que ali julgando vantajoso, prossegue com perseverança o seu curso". E a Bahia, que foi sede deste ajuntamento por ter maior número de adeptos, contaria ainda com a loja União, no mesmo período. Ou seja, havia pelo menos nove lojas maçônicas interligadas: três baianas que, somadas a quatro pernambucanas e duas fluminenses (Beneficência e Distintiva), compunham este primeiro Grande Oriente em território brasileiro.

Os atuais historiadores maçons em geral não costumam se referir a este Grande Oriente de 1809 (que é citado em documento do Grande Oriente Brasileiro — GOB, de 1832), talvez pela falta de documentação mais farta sobre ele (o que não costuma ser problema para muitos pesquisadores adeptos da instituição), talvez por não ter sido reconhecido por nenhuma *potência* maçônica então existente, ou quem sabe por preferirem eleger o Grande Oriente de 1822 como mito fundador, devido à ligação direta com a Independência.

Em Niterói (RJ), então chamada de freguesia de São Gonçalo da Praia Grande, criou-se a loja Distintiva, 1812, com intenções "verdadeiramente republicanas e revolucionárias", segundo o historiador e maçom do século XIX, Alexandre Mello Moraes, que recolheu as informações em depoimentos orais de participantes. Entre eles estavam: o mesmo Antônio Carlos de Andrada, o vigário Belchior Pinheiro de Oliveira (parente dos Andradas e que seria um dos fundadores do Grande Oriente Brasileiro dez anos depois), José Mariano Cavalcanti de Albuquerque (pernambucano, da mesma família do engenho Suassuna), o capitão José Joaquim da Rocha e o coronel Luiz Pereira da Nóbrega — os dois últimos viriam a ter participação ativa na definição da Independência dez anos depois, neutralizando as tropas portuguesas no Rio de Janeiro. Esta loja Distintiva apresentava "sinais, toques e palavras simbólicas" diferentes de outras instituições do gênero e possuía como "emblema no selo grande um índio vendado e manietado com grilhões e um gênio em ação de o desvendar e desagrilhoá-lo". Havia, portanto, um indianismo alegórico e patriótico. O fim desta loja foi mais cômico do que trágico. Como rescaldo de uma briga de família, um parente do cônego Belchior (secretário da loja) se apossou dos papéis comprometedores e, por vingança, entregou-os ao intendente geral da Polícia, o famoso Paulo Fernandes Viana. Este tratou de levar o material ao conhecimento do príncipe regente, d. João. O intendente de Polícia chamou o capitão José Joaquim da Rocha e disse-lhe:

— O que estão vossas mercês fazendo? E de que loucura estão tratando? Os segredos estão completamente sabidos pelo governo. O

Príncipe Regente, por sua alta piedade, não querendo perder a ninguém, os manda advertir para que dissolvam este conventículo.

A advertência foi recebida pelos maçons num misto de susto e alívio e a loja foi imediatamente abandonada. Um dos integrantes encarregou-se, num passeio de barco pela baía de Guanabara, de jogar ao mar, na altura da ilha dos Ratos, os selos, papéis e utensílios da Distintiva, da qual não restou nenhum vestígio a não ser na memória de alguns que a integraram.

Na região norte fluminense, a cidade de Campos dos Goytacazes também foi palco das primeiras lojas maçônicas. Ali existiram, nos primeiros anos dos Oitocentos, Filosofia e Moral, União Campista e Firme União — esta ainda existente nos anos 1850.

E na capital do Rio de Janeiro, 1815, fundou-se a loja Comércio e Artes, que estaria, por sua vez, na origem do Grande Oriente Brasileiro sete anos depois, como articuladora destacada na Independência. Mas seria possível afirmar que desde o início esta loja estaria a favor da Independência? Na verdade ela percorreu um caminho sinuoso, relacionado aos contextos históricos de um período em mudança acelerada. Com o nome de Loja de São João com o Título Distintivo — Comércio e Artes, foi criada por nove homens: Antônio Marques Correia de Aguiar, Francisco Mendes Ribeiro, José Cardoso Neto, José Inácio Albernaz, Joaquim Ferreira Júnior, Felipe Contuxa, André Avelino, Custódio Peixoto Soares e Antônio José de Lança. Inicialmente recusaram-se a se filiar ao Grande Oriente Lusitano, num momento de crise e incertezas quanto a união luso-brasileira (como bem demonstrou a eclosão da efêmera República de 1817). Com a repressão desencadeada pelo alvará régio de 1818, que proibiu as maçonarias, esta loja parou seus trabalhos. Porém, com os ventos dos movimentos liberais ibéricos, a Comércio e Artes volta a instalar-se no Rio de Janeiro em 1821, desta vez sob os auspícios do Grande Oriente de Portugal, Brasil e Algarves — portanto, nem apenas lusitano ou brasileiro, mas ambos ao mesmo tempo. Expressava-se no campo maçônico a nova situação do Brasil, elevado a Reino Unido e sede da monarquia portuguesa.

1817: Revolução e repressão

O primeiro surto maçônico no Brasil teve seu apogeu — e seu declínio — em 1817, com a República proclamada nas chamadas capitanias do Norte. Estas agremiações maçônicas existentes até 1822 dificilmente podem ser apontadas como defensoras da Independência brasileira. Seja porque atuavam sob a órbita das maçonarias portuguesas e faziam parte de um contexto de união luso-brasileira, seja porque se articulavam em dimensão regional. Mesmo quando contestavam o absolutismo, e optavam pelo moderno liberalismo político, poderiam ainda se manter na perspectiva de unidade da nação portuguesa (da qual o Brasil fazia parte). Mesmo quando apoiavam a ruptura com Portugal, o faziam sem propor congregação ou federação de todas as capitanias do Brasil, ficando a ação restrita a determinadas localidades. Em Portugal, setores da maçonaria também adquiriram tendência revolucionária no período, como fica claro na conspiração liberal de 1817, liderada pelo grão-mestre e general Gomes Freire, preso e morto pelas autoridades portuguesas.

Em 1816, instalou-se uma Grande Loja Provincial em Pernambuco (pertencente à mesma rede associativa do Grande Oriente de 1809) sobre a qual existem poucas informações. Mas sabe-se que ela contava com pelo menos quatro lojas: Pernambuco do Oriente, Pernambuco do Ocidente, Guatimozim e Restauração e Patriotismo. Figura destacada da maçonaria pernambucana foi Domingos José Martins (1781-1817), comerciante capixaba que viajara pelos quatro cantos do mundo em bem-sucedidos empreendimentos comerciais. Em Londres, Martins ficou amigo do maçom e general

Francisco Miranda (Caracas, 1750 — Cádiz, 1816) que lutou nas revoluções norte-americana, francesa e hispano-americana. Em 1811, declarou a Venezuela independente da Espanha. Não obtendo êxito como ditador, Miranda entregou suas forças aos realistas. Seus antigos subordinados, entre os quais Simón Bolívar, entregaram-no aos espanhóis. Miranda morreu numa masmorra espanhola e tornou-se, na memória histórica, um dos "pais fundadores" da Venezuela.

Domingos Martins foi outro que perdeu toda a fortuna e até, a vida: tornou-se membro do governo provisório republicano, do qual foi o principal chefe político, e buscou estreitar laços com Inglaterra e EUA. Preso com a derrota do movimento, foi sumariamente fuzilado pelas tropas portuguesas na Bahia.

As maçonarias foram espaços privilegiados de conspiração e organização em 1817: os pedreiros-livres saíram da clandestinidade e tomaram o poder pelas armas. As lojas podem não ter sido o único meio de mobilização, mas pela proteção do segredo e pela coesão dos ritos e pertencimentos, tornaram-se instância decisiva para a eclosão do movimento, que teve presença nos quartéis e nos conventos como outros espaços de associação. Sendo assim, as lojas maçônicas existentes em torno da República de 1817 tiveram características revolucionárias mais acentuadas — interferência direta na cena pública, deposição de governantes, mudança da forma de governo, crítica ao absolutismo monárquico e adesão ao liberalismo republicano e constitucional, mobilização de seus membros para participarem de insurreição armada.

A República de 1817 não foi apenas pernambucana, mas se manifestou também em Alagoas, Rio Grande do Norte, Paraíba e Ceará, em diferentes escalas, apesar de Pernambuco ser o epicentro. É de se supor que existiam articulações maçônicas nestas capitanias, mas faltam evidências. Mais do que explosão momentânea, o ato de rebelar está ligado ao de revelar: as rebeliões são momentos de maior visibilidade e "revelação" de relações em (tentativa de) mudança.

Este movimento de 1817 que vigorou por cerca de três meses inspirava-se, na forma de governo, em matrizes como o Diretório da Revolução Francesa (com sua República colegiada e repúdio simultâneo ao absolutismo tradicional e ao radicalismo revolucionário), bem como no federalismo norte-americano (republicano e híbrido entre aristocracia escravista e democracia política), sem esquecer a evidente sintonia com as guerras de independência na América hispânica. Seus líderes condenavam a escravidão e o tráfico, mas não tomaram medidas efetivas neste sentido.

Justamente por ganharem tanta visibilidade, as maçonarias sofreram dura repressão, que se exprimiu pela morte de vários de seus integrantes punidos pela Coroa portuguesa, como também pelo alvará régio de 1818 que proibiu as sociedades secretas e assinalou uma postura mais vigilante e impiedosa do governo joanino com tais agremiações. Quem esteve à frente desta verdadeira cruzada antimaçônica em terras brasileiras foi d. Marcos de Noronha e Brito, conde dos Arcos, capitão general da Bahia e, depois, último vice-rei do Brasil, e também o ministro Tomás Vila Nova de Portugal.

Mas não havia maçons apenas no campo revolucionário. Instalara-se no Rio de Janeiro a loja São João de Bragança, com a presença de nobres cortesãos, seguindo, aliás, tradição maçônica européia. Com a eclosão da República de 1817, dois membros da loja, o conde de Parati e o marquês de Angeja, foram ao palácio se confessar a d. João VI. O marquês na ocasião ofertou toda sua prata para ajudar nas "urgências do Estado" e o conde entrou para a Ordem Terceira de São Francisco da Penitência, sofrendo como punição passar um dia inteiro no Paço real vestido com hábitos religiosos.

Vê-se que não é possível falar em maçonaria revolucionária, nem numa maçonaria conservadora, mas sim compreender que as formas de organização maçônica abrigavam diferentes e até antagônicas perspectivas de atuação política e definição ideológica, que variavam com o momento, lugar e com os sujeitos históricos envolvidos.

Hipólito da Costa, redator e maçom

Um dos maçons brasileiros que deixou traços marcantes de suas atividades nesta fase inicial foi Hipólito José da Costa Pereira Furtado de Mendonça (1774-1823), redator do *Correio Braziliense*, em Londres, entre 1808 e 1822. Sua órbita como astro na constelação das maçonarias é bem documentada, apesar das legendas de penumbra, mistério e imprecisão que cercam o assunto. Ele foi um dos articuladores destas atividades em Portugal no início do Oitocentos e se envolveria bastante com tais agremiações na Inglaterra.

A afirmação de que Hipólito foi *iniciado* na maçonaria por Benjamin Franklin nos Estados Unidos não passa de uma surpreendente lenda, repetida com afinco por alguns historiadores, maçons ou não. O Pai da Pátria norte-americana falecera em 1790, oito anos antes de Hipólito chegar pela primeira vez aos EUA. O máximo de ligação que se pode estabelecer entre ambos é que o jovem luso-brasileiro foi assinante do jornal *Aurora General Advertiser*, redigido por Benjamin Franklin Bache, neto do famoso personagem.

Ao mesmo tempo em que era patrocinado pela Coroa absolutista portuguesa, com empregos e cargos, Hipólito começava, a partir de novas opções, a penetrar num campo onde, nas culturas políticas em transformação, não estava ainda bem delimitado o que era legalmente permitido — e o que não era. Podem ser associadas a esta nova dimensão figuras com as quais Hipólito da Costa conviveu em Londres nos primeiros anos do século XIX, como os já citados Domingos José Martins e o general Francisco Miranda. Com a eclosão da República de 1817 no Brasil, Hipólito lamentaria a repressão ao movimento, mas deixaria bem claras suas críticas à atuação revolucionária de seus confrades maçons, inclusive ao infortunado amigo Domingos Martins. Para Hipólito, que prezava a união luso-brasileira, a transformação da sociedade se daria de forma evolutiva e gradual, não por rupturas.

O historiador português Silva Dias percebeu com clareza que parte das maçonarias portuguesas, neste momento inicial, era inglesa pela obediência ritual e identidade ideológica e, ao mesmo tempo, "francesa" pela prática e concepção de organização e intervenção na vida pública — feição que em parte se adapta à atuação de Hipólito neste meio. Ao mesmo tempo que Hipólito defenderia os postulados aristocráticos das lojas britânicas, fazia tal defesa publicamente e criticando governantes (portugueses).

Nota-se assim que, mesmo com o famoso discurso de fraternidade universal e de companheirismo entre *irmãos*, existiam tramas complexas e também nuances e diferenças nas formas de pertencimento maçônico.

Foi ainda como enviado do governo português que Hipólito partiu para Londres em 1802 visando adquirir livros e material tipográfico para a Imprensa Régia de Lisboa. Mas sua principal — e ao final das contas rumorosa — atividade do outro lado do canal da Mancha foi tentar organizar e unificar as maçonarias em Portugal após a repressão da "Viradeira" (tendência anti-reformista no reinado de d. Maria I), como representante de quatro lojas regulares portuguesas: Amor e Razão, Virtude, Concórdia e, ainda, União e obter para elas o reconhecimento do Grande Oriente da Inglaterra.

O ministro d. Rodrigo de Sousa Coutinho, principal referência do reformismo *ilustrado* e até então protetor de Hipólito, preocupou-se e irritou-se com o que considerou excessiva transparência de seu enviado. Fez alertar por emissários que Hipólito poderia ser preso ao voltar a Portugal — o que efetivamente ocorreu. Tal episódio revela as divergências das formas de pertencimento maçônico e, mais do que isso, indica o embate que se travava no interior do Estado português, entre os homens da Corte, em torno do reformismo *ilustrado* (combatido pelos absolutistas do tipo tradicional), como também entre os que se alinhavam na política interna de acordo com os interesses das grandes potências, Inglaterra ou França. E neste embate não poderia haver brechas, como as que Hipólito criava com sua empolgada militância maçônica que ia além das fronteiras consentidas pelo reformismo *ilustrado* e, ainda, absolutista.

A prisão de Hipólito em 1802 envolve lances que hoje nos parecem confusos. O relato de um dos responsáveis pela detenção, Manoel Justino da Cunha, da Secretaria de Polícia de Lisboa, não ajuda a esclarecer, mas traz detalhes que chamam a atenção. A polícia teria ido inicialmente à casa de José Joaquim Vieira de Couto, na rua dos Ourives de Prata, Lisboa, a pedido da viúva do dono do Escaler do Sal, cuja filha teria sido raptada e se encontraria neste endereço. Aí chegando, porém, os agentes em busca de vestígios da presença feminina encontraram "aventais maçônicos e um barrete de que usam, segundo me parece, na cerimônia de Mestre Perfeito", além de "aventais, luvas, martelos, baetas pretas, lobos que serviam na decoração das lojas, vários papéis concernentes à seita". As mesmas autoridades registraram o depoimento, na verdade uma delação atribuída ao criado da residência, Manoel da Silva de Couto, segundo o qual havia "ajuntamentos de diversos sujeitos na dita casa, os quais se fechavam todos na sala, não consentindo que aí entrasse pessoa alguma, mandando a ele testemunha para a casa de jantar...".

No depoimento deste criado, o nome de Hipólito da Costa aparece diversas vezes e sempre como elemento central da loja dos Cavaleiros da Espada no Oriente, nome dado ao agrupamento maçônico em questão. Fica evidente pela nota do mesmo funcionário da polícia que Hipólito fora escolhido como bode expiatório da repressão, como forma de advertência aos maçons: "O resultado da sorte de Hipólito José da Costa devia pôr os maçons em expectação e reprimi-los; mas não acontece assim porque continuarão a associar-se."

Nesta linha é interessante verificar que o mesmo Manoel Justino, encarregado da repressão às maçonarias, fez o seguinte comentário sobre os maçons: "muitos deles aliás vassalos úteis". O que reforça o caráter exemplar da detenção de Hipólito visando atingir ou alertar o grupo sob a influência de d. Rodrigo de Sousa Coutinho.

Outro aspecto merece atenção: no mesmo relato, o policial busca associar a figura de Hipólito da Costa às conjurações ocorridas na América portuguesa alguns anos antes. Manoel Justino afirma ter visto nos documentos por ele apreendidos de Hipólito "um fragmento de papel [com] os nomes dos quatro R.R. [réus] que o foram na Revolução de Minas Gerais; hoje degredados em Angola e Moçambique". Aludia, claro, à chamada Conjuração Mineira descoberta 13 anos antes, mas não citava os nomes dos condenados, pois os papéis apreendidos com Hipólito haviam sido conduzidos com o preso para os cárceres da Inquisição, portanto fora da alçada da Intendência de Polícia.

O mesmo relato alude ao processo por fabricação de moeda falsa então em curso contra José Borges de Barros, qualificado como "famoso franco-maçom, brasileiro de origem e adiantado nos graus da seita na ilha da Madeira onde residiu anos; que parece entrou na projetada sedição da Bahia em 1796 [sic] como dizem os ditos correios; implicado na diligência que eu fiz contra os maçons em 1799 com os irlandeses...".

O baiano José Borges de Barros era irmão de Domingos, futuro visconde de Pedra Branca (pedra parda, na ironia de José Bonifácio), poeta, diplomata, ensaísta e senhor de engenho com notável carreira política no Império brasileiro, ao contrário de José, que teve uma vida sofrida e repleta de perseguições. A alusão acima era à chamada Conjuração Baiana de 1798, na qual José Borges de Barros esteve comprometido, mas não fora preso na ocasião, conseguindo escapar e morando fora do Brasil desde então. Este ponto do testemunho do funcionário da polícia portuguesa levanta questões significativas: aponta a ligação entre os participantes das conjurações do fim do século XVIII com os maçons de princípio do século XIX que, por sua vez, teriam atuação direta na futura

Independência do Brasil. Por outro lado, tal depoimento parece estar embasado no zelo de alguém que pretendia justificar e valorizar seu próprio serviço (no caso de repressão política) atribuindo ligações a pessoas e contextos isolados entre si, ao ponto de afirmar em seguida que havia em Portugal na ocasião "quatro ou cinco mil franco-maçons", o que parece um número bastante avultado.

Depois de três anos nos cárceres da Inquisição, em Lisboa, Hipólito foge (através de lances obscuros, supostamente com apoio maçônico) e consegue chegar na Inglaterra, onde se instala definitivamente e passa a viver a atividade maçônica de maneira intensa. Note-se, aliás, que o episódio da prisão não fora suficiente para interromper a ligação com d. Rodrigo que seria tratado de maneira bastante elogiosa nos primeiros números do *Correio Braziliense*. Ao comemorar a criação da imprensa produzida no Brasil com a *Gazeta do Rio de Janeiro,* Hipólito atribuiria a iniciativa a seu protetor, afirmando no seu jornal que "S.A.R. [Sua Alteza Real] não tem em seu serviço nenhum ministro, nem mais inteligente, nem mais desinteressado do que d. Rodrigo".

Percebe-se em Hipólito da Costa uma dupla posição diante das maçonarias: liberal e aristocrática. De um lado, ele as entendia como embriões de uma sociedade moderna e liberal e, de outro, vinculava tais agremiações a um acentuado sentimento aristocrático, ou seja, encarava-as como forma de distinção diante de outros grupos da sociedade. Ao combater folhetos antimaçônicos em seu jornal esta postura transparece.

Atacando o impresso "Os pedreiros livres e iluminados, que mais propriamente se deveriam denominar os tenebrosos, de cujas seitas se tem formado a pestilencial irmandade, a que hoje se chama jacobinismo" (publicado em Lisboa em 1809 e que circulou no Brasil e cuja autoria é atribuída por ele a Vicente José Ferreira Cardoso da Costa), Hipólito rejeita a "mistura de iluminados, framaçons e jacobinos". E contra-argumenta afirmando que na Inglaterra o príncipe de Gales era o grão-mestre da principal agremiação maçônica, lembrando ainda que "há entre oficiais da Grande Loja os nomes [dos] mais respeitáveis senhores ingleses".

Numa das raras vezes em que o nome do revolucionário francês Maximilien Robespierre é citado no *Correio Braziliense*, seu redator aproveita não só para demarcar-se do republicanismo, mas para acentuar a separação entre maçonarias e jacobinismo:

> *Durante o entusiasmo republicano ou para melhor dizer mania democrática, que padeceu a França nesta revolução, foram proibidas as lojas de framaçons, e muitos foram guilhotinados por esse crime, asseverando-se que o ser framaçon e aristocrata, era a mesma coisa. A morte de Robespierre, trazendo mais alguma ordem ao interior da França, deu o sossego aos framaçons.*

A relação entre maçonarias e aristocracia fica ainda mais clara quando Hipólito da Costa narra em seu jornal a parte (aberta ao público) de um festejo na sede da Grande Loja da Inglaterra, no salão da suntuosa construção em Great Queen Street em 1813. O redator qualifica a festividade de "esplêndida", pois nela encontravam-se cerca de seiscentas pessoas entre personalidades de destaque como diplomatas e nobres, inclusive cinco duques. Aparece com destaque na narrativa de Hipólito sobre tal cerimônia, à qual compareceu, a descrição entusiasmada de uma "rica jóia composta de brilhantes, e representando emblemas maçônicos". Em geral duro com determinadas medidas governamentais e adversários políticos, Hipólito não deixava de destacar na ocasião "a influência dos princípios da maçonaria em abrandar e humanizar o coração".

Outro exemplo deste veio aristocrático estava nas citações que Hipólito fazia de modelos de tolerância do absolutismo ilustrado, através de Frederico II, rei da Prússia, que chegou a trocar correspondências com a Loja Amizade de Berlim em 1778. E da mesma forma Frederico Guilherme III, que ao regular a existência de associações em 1816, proibia as sociedades secretas mas permitia as lojas maçônicas. Os soberanos ilustrados eram como sóis na galáxia maçônica de Hipólito da Costa.

Ao mesmo tempo, o redator do *Correio Braziliense* compreendia a existência das maçonarias como condição para que houvesse liberdade de expressão e de associação e lamentava que "os P.L. [pedreiros-livres] se acham infelizmente expostos a injúrias, a calúnias e a perseguições". Ou seja, sua posição como maçom era a de combater adversários em dois pólos opostos: o jacobinismo revolucionário e o absolutismo tradicionalista. E dentro desta linha não deixaria de acentuar que não havia incompatibilidade entre fé religiosa e tais atividades: "...para ser framaçon é necessário crer em Deus; e portanto os framaçons não podem ser ateus."

É dentro deste panorama que se pode compreender como, em Londres, Hipólito passaria a gravitar em torno de outro astro maior, Augustus Frederik, duque de Sussex, filho e irmão de reis da Inglaterra. Augustus Frederik era o sexto filho de Jorge III, irmão de Jorge IV e grão-mestre da Grande Loja da Inglaterra desde 1811: defendia o fim do tráfico de escravos, a concessão de direitos civis aos judeus e aos que não professavam a religião anglicana e promoveu reformas parlamentares — pontos igualmente defendidos por Hipólito da Costa. No âmbito maçônico as diferenças sociais deveriam desaparecer em nome da fraternidade ou, mais precisamente, de uma outra hierarquia, a dos graus que almejam a Perfeição Universal. Se as desigualdades sociais não se desintegravam no espaço maçônico, pelo menos as distâncias eram atenuadas e, neste ponto, é significativo constatar que Hipólito chamava o duque de Sussex de *Nobre Irmão* — a proximidade entre ambos era notória, mas a fraternidade vinha associada à nobreza.

Data da mesma época o rompimento do redator do *Correio Braziliense* com d. Rodrigo de Sousa Coutinho. Pode-se dizer que foi o nobre inglês quem passou a exercer, com Hipólito, o papel até então atribuído ao conde de Linhares. Esta forma de proteção e afinidade era recorrente nos antigos regimes europeus, quando grandes nomes da nobreza acolhiam intelectuais que, assim, encontravam financiamento e sobrevivência, ao mesmo tempo que retribuíam oferecendo seu saber, conhecimentos ou executando tarefas políticas. Hipólito viveu nesta época híbrida, onde o enunciado de posições liberais e modernizadoras amparava-se, ainda em muitos casos, em tradicionais formas de mecenato.

Frei Caneca joga luz sobre a penumbra

A decomposição do Antigo Regime correspondia a uma cena pública em transformação, composta de novos lugares onde as pessoas se agrupavam, isto é, novas formas de sociabilidade. Com o movimento liberal ibérico (Espanha e Portugal) em 1820 chegando ao Brasil, desarticulava-se o absolutismo monárquico. Uma das figuras marcantes deste contexto foi frei Caneca (ver boxe) que publicou dois textos pioneiros sobre estas novas formas de associação: as sociedades secretas e as maçonarias. Textos eruditos, de posição política clara, mas discretos quanto aos nomes dos envolvidos.

Em primeiro lugar, Caneca reconhecia tais agremiações como embrião das formulações liberais, destacando-se assim do discurso inquisitorial antimaçônico. Mas fica a dúvida: teria frei Caneca participado diretamente de algum desses grupos? Até porque quem participava tinha em geral dois comportamentos: ou tornava público seu engajamento ou então simplesmente calava sobre o assunto diante dos *profanos*. Ao tratar do tema, o carmelita pernambucano deixa claro que pertencia a outra instituição, a Ordem do Carmo, que também tinha suas imperfeições e paradoxos.

Como esses homens que compunham as elites políticas e culturais agrupavam-se politicamente no alvorecer da nação brasileira?

Frei Caneca cita quatro associações existentes ou com ramificações em Pernambuco no início dos anos 1820: a Maçonaria, o Apostolado, a Beneficência e a Jardineira. Esta última, também conhecida por Keróptica, seria uma dissidência maçônica surgida em Coimbra (local da Universidade, convém lembrar), na qual os confrades ainda guardavam certos rituais e símbolos, inclusive para se reconhecerem mutuamente. A característica essencial desta agremiação seria, então, segundo o carmelita, "o socorro da humanidade oprimida pelos reveses da cega fortuna, ou das injustiças da tirania, por meios que sejam compatíveis com a obediência às leis". Ou seja, buscava uma libertação da humanidade (não especificamente de uma classe ou grupo social) sem embarcar em complôs, rupturas ou desafios à lei vigente. Ao contrário da maçonaria, esta Jardineira não se importava com a obediência dos sócios nem em controlar o estrito cumprimento das regras ou a devida adoração ao "supremo autor da natureza", também chamado de Supremo Arquiteto do Universo no linguajar maçônico.

Quanto ao Apostolado, a questão era bem diferente. Tratava-se de uma confraria inspirada nos grupos ibéricos católicos e contrarrevolucionários, com sede na Corte (Rio de Janeiro), onde funcionava no próprio prédio do Comando das Armas e com a participação de José Bonifácio de Andrada e Silva e de seu irmão Antônio Carlos. Frei Caneca, para combatê-la, usa as palavras de outro líder político da época, o baiano Cipriano Barata, que atacara tal grupo: clube de corrompidos e estúpidos aristocratas, propagadores da monarquia absoluta, do despotismo e da tirania, cujo objetivo era manter no poder o ramo mais arbitrário da dinastia de Bragança. Isso confirma que nem todas as agremiações secretas eram revolucionárias, pelo contrário.

A Beneficência, por seu turno, também chamada de São José, seria uma loja que não seguiria de maneira ortodoxa os rituais maçônicos. Segundo o carmelita, tratava-se de grupo ainda incipiente, sem estatutos ou regras definidas, copiando algumas das cerimônias maçônicas. Mas essencialmente agrupava jovens com "fins puramente morais". Ou seja, alguns rapazes que começaram a evitar a companhia de certos círculos ou grupos por eles considerados como corruptos ou desacreditados e que acabaram juntando número significativo de pessoas. Daí a idéia de formalizar o círculo, mas sem objetivos muito precisos. Entretanto, tal ajuntamento causava desconfiança e denúncias, por parte dos defensores da ordem, de que seria um terrível grupo carbonário — o que, segundo frei Caneca, não existia em Pernambuco naquele momento.

Tal afirmação parece plausível, pois naquela conjuntura, em Pernambuco, as articulações passam a se fazer de maneira bem clara, em reuniões (não clandestinas) nas casas, em discussões nas tabernas, através da publicação de jornais periódicos e até com armas na mão — esvaziando assim a necessidade do segredo das associações.

Havia a maçonaria propriamente, isto é, as quatro lojas agrupadas desde 1816 em torno do Grande Oriente Provincial.

Frei Caneca discorre sobre estas e outras questões envolvendo as maçonarias com lucidez e senso histórico agudo. Além do mais, teve fontes privilegiadas. O carmelita pernambucano conheceu em 1821 um certo Boissy, francês representante de antiga loja maçônica em seu país de origem que, junto com um comerciante português chamado Brancfort, estabelecido na Holanda, viajavam pelo mundo (Brasil inclusive) estabelecendo vínculos entre as maçonarias. Ambos deram ao carmelita pernambucano muitas das informações que ele divulgou nestes escritos — trazendo a público até os nomes dos informantes! Tratando deste assunto, frei Caneca tinha duas preocupações centrais: uma era mostrar que não havia incompatibilidade entre as maçonarias e a religião católica. A outra era trazer à luz algumas informações sobre estas associações.

Frei Caneca

Joaquim do Amor Divino Rabelo Caneca (Recife, 1779-1825), ou simplesmente frei Caneca, foi um típico argonauta daqueles tempos. Teve vida íntegra, discreta, repleta de dificuldades e tornou-se figura legendária após a morte. Através do jornal *Tífis Pernambucano*, e de escritos avulsos, influiu para a formação de um projeto de nação que, afinal, não vingou plenamente no momento da Independência e definição dos rumos da sociedade brasileira. Tifis, na mitologia grega e latina, era um dos argonautas que partiu atrás do Velocino de Ouro, em busca do imprescindível e até então inatingível objeto de culto. Viajaram no Argos, embarcação que carregou uns cinqüenta homens imbuídos do princípio de que navegar era preciso. Tifis era o maior destes "gigantes" e pretendia alcançar o céu. Acabou fulminado por Júpiter (deus que fazia questão de comandar o céu e a terra, aceitando partilhar apenas o mar e o inferno) e prolongou-se na lenda como herói e mártir. O mito greco-romano foi revivido em terras pernambucanas em tons de epopéia e tragédia, gerando novas legendas. Filho de um artesão que fabricava tonéis e canecas (daí a alcunha escolhida por ele), frei Caneca teve carreira prematura e fulgurante na Igreja, professando o hábito de carmelita turonense, como professor do Seminário de Olinda e, ainda, como auxiliar de visitador em sua província. Erudito, apegado à leitura, foi prolixo na escrita, redigindo textos, ensaios e artigos, incluindo retórica, teologia, política, história e filosofia. Da comodidade particular no convento à entrada no turbilhão das causas públicas sua vida mudara rapidamente, assim como as condições políticas do Brasil. Foi preso em 1817, embora sua participação efetiva seja duvidosa e supervalorizada pela memória regional. Frei Caneca teve mulher e vários filhos, o que era comum no clero colonial e imperial no Brasil. Embora tenha publicado num período curto, pois só imprimiu textos entre 1822 e 1824 em Recife, sua presença foi marcante na cena pública no momento decisivo de passagem do Brasil de colônia portuguesa para Império independente. Foi frei Caneca quem proferiu um longo sermão político e teológico durante a cerimônia de aclamação de d. Pedro como imperador em Recife e Olinda, 1822, ato que equivaleu à proclamação da Independência do Brasil em Pernambuco. Os textos de frei Caneca abrangem polêmicas e pronunciamentos políticos, alguns em estilo panfletário e doutrinário, outros em linguagem religiosa, bem como votos e pareceres públicos. O autor escreveu, além destes que foram impressos, manuscritos que só viriam a ser publicados três décadas após sua morte. Sabe-se também de seu único livro, *História de Pernambuco*, que, inédito, foi destruído ou subtraído por um de seus filhos, no que foi qualificado de parricídio póstumo pelos editores das obras do carmelita. Condenado à pena capital por sua participação na Confederação do Equador, frei Caneca teve morte literalmente dramática, quando, após desfilar em procissão pelas ruas de Recife, os carrascos se recusaram a enforcá-lo e um soldado desmaiou no momento em que deveria fuzilá-lo.

Novas tendências para novos tempos

A atitude de frei Caneca de tornar públicas tais atividades não era antimaçônica, mas pode ser compreendida dentro das diferentes atitudes face ao tema. Havia três principais tendências políticas em torno das maçonarias neste período, da parte dos próprios maçons ou de seus simpatizantes.

Inicialmente havia uma visão "não política", percepção evidentemente politizada. Mas que assimilava a concepção da diferença entre a esfera privada (livre consciência individual) e a esfera pública e coletiva (poder do Estado). Na medida em que o domínio do político seria monopólio do Estado, os indivíduos poderiam ter suas convicções, mas somente nos limites privados, isto é, não políticos. E mesmo que a maior parte das maçonarias tenha desempenhado um papel político importante, tal concepção sintonizava-se com o poder centralizador da monarquia absolutista portuguesa, sobretudo na sua vertente Ilustrada e luso-brasileira. Era uma tendência que abrigava ideais aristocráticos e até membros da nobreza no interior das lojas, numa perspectiva evolucionista de reformas graduais, onde os maçons buscavam a proteção dos nobres e estes, por sua vez, intentavam nestes espaços legitimarem-se no âmbito das *Luzes*. Não deixava de haver uma mistificação neste jogo de alianças, onde havia tentativas de controle, de conversão, gerando desacordos e até traições.

Tal posição aparecia quando seus correligionários apresentavam-se como guardiões dos altos valores maçônicos: beneficência, filantropia, sabedoria, justiça, uso equilibrado da razão... Nesta busca da harmonia universal parecia não haver lugar para os problemas do cotidiano que tocavam a maior parte dos mortais. O que não impedia, diga-se de passagem, que estes homens fossem ministros, altos funcionários da administração pública, chefes militares etc., utilizando tal espaço de sociabilidade para se juntarem e fortalecerem as relações sociais.

A segunda tendência maçônica era a que buscava o abrigo do segredo para atitudes mais ousadas de oposição aos governos, fosse para apenas defender idéias contrárias às oficiais, fosse visando uma intervenção direta para as mudanças políticas. Situavam-se tanto no campo do jacobinismo ou do liberalismo exaltado quanto dos absolutistas ou despóticos. Eram associações explicitamente politizadas que, na esteira de Locke, buscavam concretizar a ascensão das leis de julgamento moral e da liberdade individual na cena pública. Pretendia-se assim uma passagem decisiva da liberdade privada em direção à constituição de um espaço público. O segredo entrava como fator de dissimulação, que correspondia a um agravamento da contradição entre a sociedade e o Estado. Quanto mais se pretendia atingir o Estado mais era preciso esconder-se.

A terceira tendência política em relação às maçonarias não seria apenas maçônica e podia extrapolar os limites da sua organização. Colocava-se a perspectiva de alargar o espaço público e a exteriorização da opinião crítica ao ponto de prescindir do segredo e da própria dissimulação entre *Luzes* e sombras.

Tal ponto de vista pode ser resumido: a publicidade da política tornara-se tão importante que nada mais deveria ser escondido; a legitimidade da coisa pública viria da transparência. A mistificação era necessária nos tempos das trevas, quando as *Luzes* atraíam a ira dos partidários do despotismo absolutista. Agora que os novos tempos tinham chegado — ou quase — era preciso que o livre julgamento dos indivíduos ocupasse de maneira direta a cena pública — esta seria a essência mesma destes espaços públicos em transformação.

Mesmo sem romper com as regras do segredo maçônico, esta terceira posição foi assumida, sobretudo, na medida em que a imprensa se desenvolve e se amplia no Brasil, tornando-se espaço de veiculação das maçonarias.

A melhor síntese desses dilemas e do diversificado espírito maçônico que germinara na passagem do século XVIII para o XIX, no Brasil, desaguando na crise do Antigo Regime e da união luso-brasileira, crise também dos valores e referências morais, culturais e políticos de toda uma época, pode estar nesta definição de um divertido (e corajoso) *Dicionário carcundático* publicado no Rio de Janeiro em 1821, por José Joaquim Lopes de Lima: "Maçom: todo aquele que proclama a liberdade da sua pátria; que não beija as mangas aos frades; que abomina a Inquisição e as suas fogueiras; que fala sem preâmbulos; escreve sem dedicatórias; e imprime sem censuras."

Bibliografia

A principal e mais atualizada obra sobre o período e o tema é de Alexandre Mansur Barata. *Maçonaria, sociabilidade ilustrada e Independência do Brasil (1790-1822)*. São Paulo-Juiz de Fora: Annablume-EDUFJF-FAPESP, 2006.

Análise das polêmicas sobre a filiação maçônica de Tiradentes e da Conjuração Mineira estão no trabalho de Françoise Jean de Oliveira Souza. Narrativas maçônicas da Inconfidência Mineira. *Revista ALPHA*. Patos de Minas: UNIPAM, ano 4, nº 4, 2003, p. 188-202.

Um levantamento da atuação maçônica de Hipólito da Costa encontra-se na erudita biografia escrita por Carlos Rizzini, *Hipólito da Costa e o Correio Braziliense*, São Paulo: Companhia Editora Nacional, 1957, p. 5-18 e também nas novas informações e análises de A.H. de Oliveira Marques, *Dicionário da maçonaria portuguesa*, Lisboa: Editorial Delta, vol. I, 1986, p. 424-425, e ainda em J.S. da Silva Dias, *Os primórdios da maçonaria em Portugal*, vol. I, t. 2, 2ª ed., Lisboa: Instituto Nacional de Investigação Científica, 1986, p. 423, 472-483 e 568.

Sobre a presumível identidade maçônica das esculturas históricas, "Os Profetas do Aleijadinho", Luiz Gonzaga Rocha Ceratino, http://www.geocities.com/pentagon/bunker/3783/t5.htm

Entre os documentos históricos que falam sobre a época: José Bonifácio de Andrada e Silva, *Manifesto do G.˙. O.˙. B.˙. a todos os GG.˙. OO.˙. GG.˙. LL.˙. LL.˙. RR.˙. e MM.˙. de todo o mundo*, Rio de Janeiro: Typographia Austral, 1837; *Notas, documentos e relação dos pedreiros-livres ou franco-maçons, em Portugal. Documentos sobre o réu José Hipólito da Costa* [*sic*], Lisboa 1802-1803, maço de manuscritos, 77 p., Arquivo Histórico do Instituto Histórico e Geográfico Brasileiro, lata 21, pasta 2.

A revista *Nossa História*, ano 2, nº 20, junho 2005, trouxe um importante dossiê histórico sobre a maçonaria no Brasil, incluindo discussões sobre as origens e informações sobre ritos e símbolos.

Alexandre José de Mello Moraes. *História do Brasil-Reino e Brasil-Império*. Rio de Janeiro: Typographia de Pinheiro & Cia., 2 t., 1871. Traz preciosas informações sobre os primórdios maçônicos no Brasil.

Francisco Muniz Tavares. *História da Revolução de Pernambuco em 1817* [1840], 3ª ed., ver. e anot. por Oliveira Lima. Recife: Imprensa Industrial, 1917. Traz preciosas informações sobre os primórdios maçônicos no Brasil.

Sobre a participação da maçonaria na Inconfidência Mineira ver:

Lúcio José Santos. *A Inconfidência Mineira: papel de Tiradentes*. Belo Horizonte: Imprensa Oficial do Estado de Minas Gerais, 1972.

Márcio Jardins. *A Inconfidência Mineira: uma síntese factual*. Rio de Janeiro: Biblioteca do Exército, 1989.

Oiliam José. *Historiografia mineira.* Belo Horizonte: Imprensa Oficial do Estado de Minas Gerais, 1987.

Raymundo Fernando Queiros Vargas. *A verdadeira face da Inconfidência Mineira.* Edição do autor, 1997.

Tenório D'Albuquerque. *A maçonaria e a Inconfidência Mineira.* Rio de Janeiro: Aurora, s.d.

III. Independência: um espaço para a nação

Os 94 HOMENS QUE se reuniram no dia 24 de junho de 1822 num sítio no porto do Méier, na Praia Grande (atual Niterói-RJ) e fundaram o Grande Oriente do Brasil (GOB) sonhavam alto, mas tinham os pés no chão. O dia inteiro de exaustivos trabalhos foi encerrado com um lauto banquete — e a comida que sobrou foi distribuída aos pobres das redondezas, reforçando assim a filantropia tão presente nas preocupações maçônicas. Congregados naquele momento, não poderiam imaginar que meses depois teriam seus destinos individuais tão separados, nem tinham certeza dos rumos políticos que ajudavam a transformar.

A formação que originou o GOB veio da loja Comércio e Artes, a mesma que surgira em 1815, se dissolvera com a repressão de 1818 e reaparecera sob as bênçãos do Grande Oriente Luso-Brasileiro e sob os novos ares do liberalismo em 1821. Agora, em 1822, a Comércio e Artes crescera demais e nela não cabiam tantos integrantes que pretendiam entrar. Os maçons então resolveram, numa solução salomônica, subdividir a loja em três: manter a Comércio e Artes e criar mais duas, União e Tranqüilidade e a Esperança de Niterói. A distribuição dos integrantes em cada uma foi feita por sorteio. O sorteio era tradicionalmente visto como uma instância igualitária, ou seja, que evitava favoritismo e deixava nas mãos da Providência Divina o destino dos envolvidos. Além disso, os *iniciados* deveriam portar uma roseta ou laço em forma de flor no braço esquerdo: branco para a primeira loja, azul para a segunda e vermelho para a terceira. Todos juntos criavam, assim, o azul vermelho e branco que caracterizava a Revolução Francesa, paradigma da modernidade política, mas ao mesmo tempo repudiada em seus "excessos" pelos liberais do nascente século XIX.

O GOB adotou o Rito Francês Moderno, criado em 1783 e composto por sete graus:

Lojas Azuis
1. Aprendiz
2. Companheiro
3. Mestre

Primeira Ordem de Rosa-Cruz
4. Mestre Eleito

Segunda Ordem de Rosa-Cruz
5. Mestre Escocês

Terceira Ordem de Rosa-Cruz
6. Cavalheiro Rosa-Cruz

Quarta Ordem de Rosa-Cruz
7. Soberano Príncipe Rosa-Cruz

O maçom que presidiu a instalação dos trabalhos do GOB foi o capitão engenheiro João Mendes Viana, na condição de venerável da loja Comércio e Artes. Qual o destino de Mendes Viana? Eleito segundo grande vigilante do GOB, foi enviado a Pernambuco como emissário na missão estratégica para articular a Independência. Acabou aproximando-se dos chamados liberais exaltados que assumiram o poder provincial e proclamariam a Confederação do Equador contra o centralismo imperial. Detido por ordem de d. Pedro I, Mendes Viana passaria sete anos do Primeiro Reinado como preso político nos cárceres do Rio de Janeiro, ao lado de Cipriano Barata. Ao ser solto, em 1830, Mendes Viana estava com a saúde irremediavelmente estragada pelas precárias condições em que foi forçado a viver e faleceu logo depois. Mais uma trajetória de vida destruída devido ao engajamento maçônico. Mas naquele momento de otimismo e entusiasmo da fundação do GOB e preparação da Independência tal previsão trágica parecia impensável.

Estavam presentes, entre os 94 fundadores, uma verdadeira galeria de Pais da Pátria, alguns antigos maçons como José Bonifácio, o coronel Luiz Pereira da Nóbrega e o padre Belchior de Oliveira, além de Domingos Alves Branco Muniz Barreto, frei Francisco Sampaio, cônego Januário da Cunha Barbosa, José Clemente Pereira e Joaquim Gonçalves Ledo. Outros, apesar de terem os nomes registrados, tornaram-se ilustres desconhecidos e se apagaram ainda na poeira do próprio tempo em que viviam. O tenente-coronel e cirurgião Manuel Joaquim de Menezes, um destes fundadores, lançou três décadas depois um pequeno livro que, até hoje, é uma das principais fontes de informação sobre tais episódios — embora também envolvido nos jogos de ocultações e revelações tão próprios da Ordem dos Pedreiros-Livres. Um dos mais destacados e convictos do grupo, o major Albino dos Santos Pereira, teria um fim trágico, como se verá a seguir.

O sítio em Niterói fora decorado à maneira de um templo maçônico, sem faltar a Sala dos Passos Perdidos. A comissão de organização era composta pelos *irmãos* Manoel dos Santos Portugal, João da Silva Lomba e Antônio José de Souza, que se encarregaram do banquete maçônico e das demais providências, como levar apetrechos e a decoração do local com os símbolos adequados.

Nas primeiras reuniões do GOB a clandestinidade (ou segredo, como então se dizia) era fundamental não só por uma questão de fidelidade ritualística, mas pela própria segurança de seus membros e por estarem tramando pela Independência do Brasil. Entretanto, logo se percebeu que tudo que era discutido no recinto acabava vazando para Portugal e para os comandantes das tropas portuguesas sediadas no Brasil. Daí resultou, no encontro de 2 de agosto de 1822, a exclusão de seis *irmãos* do círculo maçônico — após investigações internas que levaram aos nomes dos que foram considerados delatores.

Uma das tarefas marcantes do GOB foi enviar emissários às mais importantes províncias brasileiras para articularem politicamente a Independência na forma como estava sendo concebida: unidade territorial brasileira, monarquia constitucional e governada pelo príncipe da dinastia de Bragança. Note-se que, desse modo, os maçons contribuíram mais efetivamente para a criação de laços de tipo nacional e de um modelo de Estado centralizador, mas pouco colaboraram para a consolidação da própria maçonaria como instituição de nível nacional, naquele momento.

É precipitado apontar este GOB como embrião de um partido político, pois suas características se diferenciavam bastante da máquina partidária típica do século XX. Entretanto, não se deve desprezar a maçonaria como uma forma de agrupamento e organização. Quando se falava já naquela época em "partidos", era mais do que tomar um partido ou formar facções descartáveis: havia modos de agrupamento em torno de um líder, através de palavras de ordem e da imprensa, em determinados espaços associativos e a partir de interesses ou motivações específicas, além de se delimitarem por lealdades ou afinidades (intelectuais, econômicas, culturais etc.) entre seus participantes. Tais agrupamentos eram identificados por rótulos, símbolos ou nomeações, pejorativos ou não. As maçonarias eram uma dentre as várias formas existentes de sociabilidade.

Pode-se perceber que o nó da questão em que se envolveu a maçonaria em 1822 foram as presenças de José Bonifácio e d. Pedro

I em seus quadros como dirigentes máximos (grão-mestre). Daí resultou, num primeiro momento, a força e a vitória da entidade, com a Independência proclamada, como seus membros queriam. Daí resultou, logo depois, a destruição dos trabalhos maçônicos e até da vida pública de vários *irmãos*.

Se do ponto de vista externo o GOB serviu, no tempo e na hora certa, como espaço aglutinador, tal papel foi efêmero — as dissensões internas e as intervenções externas acabaram destruindo naquele momento este núcleo de associação. A recriação do GOB e das maçonarias posteriores já pertenciam a outro contexto, com outros objetivos e horizontes.

Glórias e traições

A história da maçonaria na Independência não é apenas gloriosa, mas visceralmente humanizada, com suas grandezas, ousadias, fraquezas, contradições, traições e violências. Os *irmãos* aí aparecem em todas as suas dimensões ajudando a criar um país que, afinal, ficou à medida de seus criadores.

Não é possível dizer simplesmente que a Independência brasileira foi obra da maçonaria ou dos ideais maçônicos, até porque não havia uma ideologia maçônica definida. Mas é inegável que as maçonarias foram um espaço privilegiado de articulação e mobilização que, ao lado de outras instâncias (administrativas, econômicas, políticas, militares, culturais) e numa conjuntura complexa, envolvendo áreas geográficas extensas, forças sociais e sujeitos históricos diversificados, tiveram papel importante na efetivação da Independência do Brasil de Portugal. Entretanto, muitos protagonistas que atuaram nas lutas e articulações em torno da Independência nunca foram maçons. Não dá para dizer de maneira apressada que "todo mundo" que importava era pedreiro-livre.

Tal atuação ocorreu, sobretudo, através do recém-criado Grande Oriente do Brasil (GOB) que contava inicialmente com 94 pessoas e funcionou como uma espécie de foro onde os personagens efetivaram interferências, verbalizaram opções e garantiram algumas alianças. Evidente que não foi uma ação mágica, nem isolada da sociedade, mas delimitada pelas condições da época que, ao mesmo tempo, permitiram e deram os limites das transformações que ocorriam. No interior desse espaço maçônico, assim forjado na urgência daquela tarefa política, não havia apenas concórdia e unanimidade, mas em meio aos discursos ufanistas se percebem também tensões, embates, avanços, recuos e traições que marcaram igualmente o processo de Independência do Brasil.

Além dos episódios circunscritos à confirmação da Independência, vários maçons tiveram atuação nos primeiros passos da construção de uma nação no Brasil, preocupando-se concretamente em propor soluções, por exemplo, para as populações indígenas e de origem africana que deveriam compor um povo brasileiro.

Os lugares-comuns proliferam em torno do tema. A proclamação da Independência não ocorreu no dia 7 de setembro de 1822 nas margens do então riacho Ipiranga, em São Paulo. Trata-se de uma memória histórica produzida posteriormente e, de tanto repetida, tornou-se “verdadeira” na consciência da maioria dos brasileiros. Mas é interessante verificar que não há, na época, nenhum registro sobre a proclamação da Independência na referida data: jornais, documentos oficiais, leis e correspondência privada não falam disso. A proclamação oficial da Independência ocorreu no dia 12 de outubro de 1822 no Rio de Janeiro, quando da aclamação do príncipe português Pedro de Alcântara como d. Pedro I, defensor perpétuo e imperador do Brasil. A partir daí é que se começou a contar oficialmente a autonomia nacional, que se definiu e propagou por outras províncias, com aclamações semelhantes em cada localidade.

Antes disso, houve todo um processo ao longo dos anos 1821-22, quando o Brasil foi, aos poucos, rompendo os laços com Portugal, proclamando o liberalismo contra o absolutismo, convocando uma Assembléia Constituinte separada das Cortes de Lisboa, entre outros fatores. O próprio príncipe regente Pedro desde o começo de 1822 desobedecia francamente as ordens vindas de Lisboa e em 1° de agosto assinou um manifesto acenando com a possibilidade iminente de separação do Brasil de Portugal. Manifesto, aliás, redigido por um ativo dirigente maçom, Joaquim Gonçalves Ledo. Mas em fins de setembro e início de outubro do mesmo ano, d. Pedro ainda assinava os papéis como príncipe do Reino do Brasil.

Por outro lado, a Independência só estaria decidida em todas as partes do Brasil em fins de 1824: no Rio de Janeiro houve mobilização das tropas locais, fiéis ao príncipe e à causa brasileira, contra as tropas fiéis à Portugal, que acabaram batendo em retirada quando perceberam que eram minoritárias; na Bahia houve guerra civil até 2 de julho de 1823, envolvendo milhares de homens em armas; Maranhão, Pará e região amazônica só aderiram à Independência em agosto do mesmo ano, após embates com centenas de mortes; Pernambuco, Ceará, Paraíba, Alagoas e Rio Grande do Norte, depois de aderirem inicialmente ao governo de d. Pedro, fizeram um governo à parte da Corte do Rio de Janeiro, a Confederação do Equador, que só foi derrotada militarmente em fins de 1824. Sem esquecer que em muitas cidades de várias províncias do Brasil as Câmaras Municipais (ou Senado da Câmara, como eram chamadas), únicos órgãos legislativos e eletivos existentes no território, se mobilizaram para tomar posição diante da Independência.

A data de 7 de setembro começou a ser comemorada, discretamente, em 1825 e ganhou destaque ao longo do tempo, na medida em que era uma representação simbólica da Independência: como se esta tivesse sido resultado de um gesto voluntarioso de um personagem apenas. Tentava-se assim construir uma memória conservadora, que apagasse os movimentos da sociedade e os conflitos existentes, atribuindo-se a criação de uma nova nação ao caráter impulsivo de um príncipe voluntarioso que, assim, teria dado um "presente" ao povo. D. Pedro esteve realmente no dia 7 de setembro de 1822 às margens do Ipiranga e num arroubo bradou "Independência ou morte", mas tal episódio não teve significação nenhuma na época e muito menos causou a Independência do Brasil, ao contrário do que dizem a maioria dos livros e manuais de história.

O quadro de Pedro Américo, *O brado do Ypiranga*, que retrata de maneira realista a cena e ainda hoje é uma imagem padrão, foi pintado em 1888, ou seja, já no fim da monarquia e às vésperas da República. Atualmente muitos historiadores especialistas reconhecem estas questões e é possível compreender por que parte dos autores maçônicos pegaram carona na figura de d. Pedro I para exaltarem a própria instituição e afirmarem que a maçonaria "fez a Independência" através do monarca.

Por outro lado, é inegável que os maçons e a instituição tiveram desempenho decisivo nos acontecimentos de 1822: pela articulação e formulação políticas, mas também pelas armas e atuando em instituições civis, militares e eclesiásticas, ao lado de pessoas que não pertenciam à maçonaria e que igualmente atuaram. A idéia de conceder o título "defensor perpétuo e imperador do Brasil" ao príncipe herdeiro da Coroa portuguesa ocorreu num recinto maçônico, entidade que organizou os primeiros festejos de rua pela Independência no Rio de Janeiro em 12 de outubro. Mas para que se compreenda tal momento é preciso entender como as coisas se desenrolaram até este ponto, focando apenas sobre a atuação da maçonaria e deixando todo o resto (que não era pouco) de lado.

D. Pedro I: prestígio e violências

A trajetória maçônica de d. Pedro I foi ao mesmo tempo fugaz e fulminante. Inicialmente significou prestígio para a entidade, logo depois, enfraquecimento e quase destruição. Em 2 de agosto de 1822 o ainda príncipe Regente Pedro foi acolhido pelo Grande Oriente do Brasil como simples iniciante, no primeiro grau, por iniciativa do grão-mestre José Bonifácio. Na reunião seguinte, três dias após, passou para o grau de mestre. E na sessão de 4 de outubro, ausente aliás Bonifácio, d. Pedro foi aclamado grão-mestre, galgando assim em dois meses todos os degraus da Perfeição Universal — oito dias antes de sua aclamação pública como imperador do Brasil.

A filiação do príncipe e futuro imperador d. Pedro I ao Grande Oriente em 1822 não foi originalidade brasileira e seguiu modelo comum na Europa. Não dá para dizer coisas do tipo: no Brasil a maçonaria era diferente, até o monarca participava... Entretanto, a aliança brasileira não durou muito, pois 17 dias depois de ascender a grão-mestre, d. Pedro I proibiu por escrito as atividades maçônicas, assinando-se Pedro Guatimozim. Esse era o apelido maçônico do monarca e o nome do último chefe indígena asteca, chamado de imperador pelos espanhóis, que o assassinaram. Em seguida, d. Pedro tentou transferir a sede do Grande Oriente para o palácio da Quinta da Boa Vista, residência da família imperial, mas a medida não vingou: até porque os principais dirigentes maçons estavam presos ou exilados.

As relações entre as maçonarias e o poder dos príncipes não era linear. A tentativa de escapar do controle absolutista nem sempre redundava numa intervenção oposicionista ou revolucionária e muitas vezes buscava-se conquistar a adesão dos monarcas e outros nobres que, em muitos casos, fizeram parte de maçonarias, num quadro do reformismo ilustrado no interior do absolutismo. Basta assinalar o exemplo de alguns soberanos, como na Suécia (George IV, Eduardo

VII), Dinamarca (Frederico VIII), sem esquecer a alta nobreza francesa, como os duques de Montagu e de Chartres (futuro Philippe Egalité), entre tantos outros. O mundo ibérico não fazia exceção a esta regra: como se sabe, o duque de Lafões (d. João Carlos de Bragança) era maçom. Sendo assim, vê-se que a filiação do príncipe regente (e futuro imperador) d. Pedro ao Grande Oriente do Brasil em 1822 não se constituiu numa particularidade brasileira.

Havia uma espécie de jogo entre os maçons e o poder dos príncipes — aqueles buscando proteção e espaço e estes aproveitando para legitimarem-se no campo das "novas idéias" e também controlar esse tipo de atividade. Tais relações freqüentemente ambíguas exemplificam um aspecto desta fronteira às vezes mal definida entre as trevas e as *Luzes:* a mistificação, no sentido filosófico do termo.

"Pai, tornei-me maçom"

Carta de d. Pedro I a d. João VI

"Eu, *meu* pai, entrei para maçom; sei que os fidalgos em 1806 convidaram os maçons e que eles não quiseram entrar, e por isso o desgraçado Gomes Freire foi enforcado por ser Constitucional, querendo eles que V. Majestade continuasse a ser rei. Não houve quem dissesse a V. Majestade que era preciso uma Constituição (*eu* então era pequeno). Em vingança a Gomes Freire rebentou a revolução do Porto em 24 de agosto de 1820 e, pela mesma razão, os maçons que estavam na Corte, tanto bateram os Fidalgos que eles agüentaram calados, até que, pilhando-os agora debaixo, atribuem tudo que fazem aos pedreiros-livres, porque sabem com que horror os portugueses olham para uma tão filantrópica instituição."

Carta de 15 de julho de 1824.

O assassinato do major Albino, uma história obscura

Quando fechou as maçonarias em outubro de 1822, d. Pedro I encontrou resistência de alguns maçons — e foi impiedoso com estes. Caso dramático foi o assassinato do major Albino Santos Pereira, cujo apelido maçônico era Aníbal (líder militar e político da Antiguidade na península Ibérica que combateu o Império romano). Pioneiro da loja Comércio e Artes, Albino tornou-se venerável (posto mais alto) da União e Tranqüilidade, uma das três lojas que foram a base da criação do GOB, da qual José Clemente Pereira era o orador. Foi, portanto, um dos fundadores do GOB. Albino teve atuação decisiva na desmobilização das tropas portuguesas sediadas no Rio de Janeiro, evitando assim um confronto armado na capital e garantindo militarmente a Independência.

Somente após a saída de d. Pedro I do poder, em abril de 1831, é que muitas denúncias e casos de arbitrariedade vieram à tona. Um destes foi narrado pelo jornalista e líder político Cipriano Barata, cinco meses após a saída do Brasil do primeiro imperador. Cipriano, que passara quase todo o Primeiro Reinado incomunicável como preso político, encontrava-se detido novamente no início das regências (1831-1840), desta vez na fortaleza da ilha das Cobras, na baía da Guanabara. Escrevera, dois anos antes, um dossiê relatando, em detalhes e com nomes, as torturas e maus-tratos aos presos no navio-prisão (presiganga). E, para exorcizar a possibilidade de retorno de d. Pedro I ao poder, Cipriano trouxe à tona, numa linguagem candente típica da maioria dos redatores da época, o caso do major Albino. Cipriano afirma que tal episódio era conhecido, supõe-se que pela transmissão oral, entre os maçons. Resta aos historiadores conferir em outras fontes tal acontecimento — e as denúncias de Cipriano Barata, em outros casos, costumam ser fundamentadas. Eis como Cipriano tornou público o ocorrido, com sua típica linguagem candente:

> *Eu quero apertar dentro da minha alma a triste recordação do horroroso assassinato metodicamente ordenado por este Demônio ex-imperador ao Ilustre Patriota o major de Granadeiros Albino de tal, por sustentar sua honra e resistir à arbitrariedade. [...] Este caso é importante e horroroso e por isso deve ser explicado. O Demônio ex-imperador por astúcia e seduções, depois de se fazer alistar na Venerável Ordem dos Pedreiros-Livres, forcejou para fazer-se eleger grão-mestre; então conhecendo a todos os Irmãos, quis perdê-los e destruir uma Sociedade que tem durado, apesar de todos os Tiranos, e que tanto havia concorrido à sua exaltação ao nosso Trono Brasileiro. O Monstro perseguiu os Maçons e fez dissolver as Lojas tão úteis à humanidade. Então pretendeu obrigar o major Albino, que era grão-secretário, a lhe entregar o Livro mestre (chamado dourado). O major negou-lho, dizendo que na Grande Loja o entregaria na pessoa do grão-mestre, mas que só na qualidade de imperador não lho podia ceder. Então o sanguinário assassino peitou um seu valido (também perverso maçom), amigo fingido do major, para que lhe tirasse a vida; este com mostras de amizade lhe deu queijo e cerveja de tarte tocada de fina peçonha, da qual expirou o virtuoso major logo de noite. Este caso é geralmente sabido por todos os pedreiros-livres virtuosos e eu o publico para que o mundo todo conheça o*

celerado assassino e se persuada das qualidades deste feroz Demônio ex-imperador neste nosso Brasil, que tanto padece ainda hoje por sua nímia bondade, ou tolice etc.

Muniz Barreto: um precursor mal conhecido

Pouco se sabe da vida de Domingos Alves Branco Muniz Barreto (1748-1831), o homem que, aparentemente, batizou a forma de governo da nova nação ao ficar em pé em cima da mesa em plena reunião do Grande Oriente do Brasil em 1822 e, num arroubo, propor que o Brasil fosse um Império e d. Pedro recebesse o título de imperador e não de rei, em meio aos "Vivas!" da entusiasmada e seleta platéia. Teria sido apenas porta-voz de uma decisão previamente articulada (o segredo dentro do segredo)? Ou a idéia, como num *insight,* foi aceita rapidamente porque correspondia às expectativas e ao espírito da época? Dificilmente saberemos. Mas ao contrário do que se poderia supor, o baiano Muniz Barreto não foi coberto de glórias, nem em vida, nem pela posteridade: sofreu, após 1822, prisão, perseguições e perseverou na pregação maçônica, mesmo quando esta se encontrava proibida.

Uma das primeiras formulações sobre os escravos e a população de origem africana e sobre os índios do Brasil após o governo Pombal, do ponto de vista do Iluminismo, veio de Muniz Barreto, bem antes de José Bonifácio, por exemplo, ter escrito e publicado suas reflexões sobre os mesmos temas.

Sobre os indígenas, Muniz Barreto escreveu um "Plano sobre a civilização dos índios do Brasil e principalmente para a capitania da Bahia, com uma breve notícia da missão que entre os mesmos índios foi feita pelos proscritos jesuítas, dedicado ao Sereníssimo

Sr. D. João, Príncipe do Brasil, pio, benéfico e magnânimo", texto de 1788, mas só publicado mais de seis décadas depois, no qual sistematiza alguns pontos-chave, inclusive a divisão (vinda do século XVI) entre índios "mansos" e "bravos", posicionando-se do ponto de vista das elites locais no Brasil, a partir das idéias da Ilustração. Em 1788, o autor era capitão de infantaria do Regimento de Estremoz. A análise de Muniz Barreto sobre os índios era precisa e operacional do ponto de vista das frentes de civilização. O foco era centrado sobre a Bahia — de onde ele se baseou na experiência histórica e onde pretendia aplicar suas idéias. Mais que um plano detalhado, havia diretrizes gerais, buscando definir políticas indígenas para o período pós-pombalino.

Logo de início, Muniz Barreto reconhece a "opressão" em que viviam, naquele momento, os "habitantes" achados no continente pelos europeus. Reconhecer a situação de opressão dos índios e considerá-los como habitantes já é um ponto significativo pois não faltam registros, inclusive de historiadores, que nomeiam apenas os não-índios (ou os aldeados) como habitantes ou moradores de determinada área, muitas vezes chamada de despovoada quando contém apenas indígenas. Ou seja, o autor já assumia perspectiva diferente da visão até então predominante (legenda de ferocidade e denúncia unilateral da violência cometida apenas pelos índios) e se colocava do ponto de vista das "novas idéias". A tônica deste projeto de Muniz Barreto é a crítica à experiência das missões e aos métodos dos jesuítas. Em contrapartida, elogiava o sistema pombalino e propunha a retomada do cargo de diretor de aldeias. Entretanto, ele defende a implementação da catequese, ainda que apregoasse o afastamento dos clérigos do poder temporal sobre as aldeias.

Ou seja, Muniz Barreto era adepto, sempre que possível, dos chamados métodos brandos, da pacificação. Se fôssemos reverter e aplicar a mesma classificação sobre o autor, o futuro general estaria no rol dos colonizadores "mansos".

Quanto aos escravos, Muniz Barreto também se posicionou de modo pioneiro contra o tráfico atlântico, com a "Memória sobre a abolição do comércio da escravatura" (escrita em 1817, publicada em 1837).

Preso na investigação (devassa) contra dirigentes maçons ordenada pelo próprio ministro José Bonifácio em outubro de 1822 (usando assim o poder para afastar os *irmãos* com os quais disputava o poder político e maçônico), ao ser solto, Muniz Barreto publicou "Agradecimento que tributa ao ilustre e polido povo fluminense", em 1823.

Chama a atenção que, durante o Primeiro Reinado (1822-1831), quando as atividades maçônicas voltaram a ser proibidas e reprimidas por ordem de d. Pedro I, Muniz Barreto tenha persistido e assumido publicamente suas posições. Respondeu a folhetos antimaçônicos que circularam no período com uma "Apologia da religião no espiritual, e dos impérios no temporal, contra as erradas doutrinas do fanatismo e hipocrisia expendidas pela Tipografia Torres, no Rio de Janeiro, 1825, que publicou o folheto Vovô Maçom e as sete cartas, que têm por título o Antídoto Salutífero". No mesmo ano publicou o jornal *Despertador Constitucional Extraordinário,* onde fazia assumida propaganda e defesa das maçonarias, comprovando assim que estas não estavam totalmente *adormecidas* no período. A epígrafe do jornal era uma ousada alusão à interdição das maçonarias pelo imperador: "Quando em meus alvarás se acharem cousas contra as leis saibam que foi por descuido, pois que não é minha intenção quebrantá-las mas sim que sejam guardadas." Na verdade pode-se considerar que tal periódico foi um dos primeiros — senão o primeiro — impresso no Brasil a fazer abertamente propaganda da maçonaria e de seu ideário. Muniz Barreto redigiu também, ainda em 1825, o periódico *Grito da Razão,* em Salvador. Engenheiro militar que iniciou a carreira no período colonial, ele chegou ao generalato (brigadeiro) e sua produção foi vasta, com vários textos — alguns só publicados póstumos. No campo da historiografia, Muniz Barreto chegou a ser nomeado auxiliar de José da Silva Lisboa (visconde de Cairu) na pesquisa para a oficial *História dos principais sucessos políticos do império do Brasil*, tarefa que aparentemente não realizou.

A imprensa e a maçonaria: dois casos opostos

No momento da Independência brasileira as maçonarias apoiaram a criação de jornais redigidos por *irmãos* e que tornavam públicas suas causas e bandeiras — sem, no entanto, desvelar o segredo maçônico e não fazendo qualquer referência direta, nas páginas impressas, à Ordem dos Pedreiros-Livres. Foi o caso, por exemplo, de dois periódicos simultâneos, mas com posições diferenciadas, no Rio de Janeiro: *Reverbero Constitucional Fluminense*, redigido por Joaquim Gonçalves Ledo e pelo cônego Januário da Cunha Barbosa; e *Regulador Brasílico-Luso*, escrito por frei Sampaio. É interessante ver como a linha editorial dos jornais foi discutida nas reuniões maçônicas e como seus redatores se envolveram em fortes discussões internas e acabaram sofrendo punições (da maçonaria ou do governo).

Havia um grupo de frades franciscanos que, sediado no convento de Santo Antônio, Centro do Rio de Janeiro, teve atuação importante no momento da Independência, entre eles frei Francisco de Sampaio Santa Teresa de Jesus (Rio de Janeiro, 1778-1830), que foi pregador da Capela Real e censor episcopal no governo de d. João VI, redator no Rio de Janeiro do *Regulador Brasílico-luso* (que passaria a se chamar *Regulador Brasileiro* após a Independência). Está claro que, ao iniciar o *Regulador*, frei Sampaio participava da perspectiva de união luso-brasileira com o Brasil em posição destacada e centro da monarquia portuguesa. Esta era, aliás, a posição de José

Bonifácio, José Clemente Pereira, Hipólito da Costa e Joaquim Gonçalves Ledo, entre outros, ainda em início de 1822. Tanto que a própria loja Comércio e Artes, em geral apresentada como precursora da Independência, fez parte do Grande Oriente do Brasil, de Portugal e de Algarves em 1821. Mas fica a impressão que frei Sampaio não soube acompanhar a rapidez dos acontecimentos que levaram à separação com Portugal, mantendo-se, além disso, fiel a uma concepção de poder centrada na soberania do monarca e em privilégios aristocráticos, nos quais a Igreja estava bem situada.

Na sessão do Grande Oriente do Brasil de 2 de agosto de 1822, um dos *irmãos* fez um violento discurso contra o *Regulador* e frei Sampaio, com os seguintes argumentos:

> *[...] as doutrinas políticas espalhadas na atualidade pelo periódico intitulado* Regulador, *impresso sob nossa proteção, em vez de ser órgão de nossas opiniões, conforme princípios adotados, era subversivo desses mesmos princípios constitucionais jurados nesta Aug. Ord., pretendendo infundir no povo doutrinas aristocráticas e que não se compadeciam com a liberdade constitucional por que o Brasil anelava.*

Frei Sampaio, que tinha o posto de orador da loja Comércio e Artes, foi convocado para prestar esclarecimento numa assembléia posterior da entidade, ficando sujeito à Comissão de Penas Maçônicas caso não comparecesse. Foi recomendado, ainda, que todos os maçons cancelassem suas assinaturas do jornal e devolvessem ao redator os números já adquiridos.

Na sessão aprazada, dois *irmãos* foram ao convento buscar frei Sampaio, que tinha físico frágil e medo de sair sozinho à noite pelas ruas da cidade e passava a maior parte do tempo retirado. Ao anunciarem no recinto maçônico sua presença, ele foi introduzido e ouviu a leitura da ata com as acusações. Seguiu-se então uma defesa que alguns dos presentes classificaram de "patética", com frei Sampaio, ao final, ajoelhando-se para pedir perdão aos confrades, afirmando que publicara apenas correspondências que não expressavam suas idéias. Entretanto, Joaquim Gonçalves Ledo tomou a palavra e rebateu a defesa do frade de modo vigoroso, afirmando que suas palavras eram insuficientes e que ele deveria se comprometer publicamente com as causas definidas pela instituição. Frei Sampaio então jurou defender as novas liberdades constitucionais e a Independência do Brasil, com lágrimas nos olhos e a voz embargada de soluços. A decisão foi recebida com aplausos pela assembléia e todos os presentes deram abraço e beijo fraternal no franciscano.

Entretanto, como diz o provérbio, a vingança é um prato que se come frio. Dois meses e meio depois, quando o ministro e maçom José Bonifácio mandou abrir um inquérito contra as maçonarias, ordenando a prisão dos próprios *irmãos*, uma das principais testemunhas de acusação foi ninguém menos que frei Sampaio. Ele delatou em juízo os demais maçons, alegou que tinha sido "cercado de punhais" por divergências políticas e desvelou em detalhes as reuniões e seus participantes. Talvez como prêmio por seu comportamento, frei Sampaio foi nomeado redator do *Diário Fluminense* (jornal oficioso) entre 1824 e 1825. Apesar do papel decisivo no momento da Independência e no início do Primeiro Reinado, frei Sampaio afastou-se da vida pública e faleceu retirado no convento franciscano.

O apelido maçônico escolhido por frei Sampaio, Pílades, é expressivo de sua trajetória posterior. Na mitologia grega, Pílades, filho de um rei e amigo próximo de Orestes, ajudou este a matar a própria mãe, como vingança pelo assassinato do esposo dela (e pai de Orestes). Esta ligação mitológica entre os dois personagens inspiraria Machado de Assis a escrever o conto "Pílades e Orestes", onde se entrevê uma relação homoerótica permeada de intensidade e traições. Quem sabe a relação de amor e ódio, fragilidade e destruição, entre frei Sampaio (que ajudou a matar a "mãe" comum, isto é, a maçonaria) e seus *irmãos* não tenha de algum modo servido de material de ficção para o bruxo do Cosme Velho?

Já a experiência do jornal *Reverbero Constitucional Fluminense*, redigido justamente pelo opositor de frei Sampaio, Joaquim Gonçalves Ledo, e pelo cônego Januário da Cunha Barbosa, foi diferente, mas também com ingredientes trágicos. Em geral considerado como um dos órgãos precursores da Independência, na verdade seguiu trajetória semelhante à de outros veículos da época: inicialmente a favor da união entre Brasil e Portugal, e do liberalismo contra o absolutismo, passando paulatinamente a apoiar a Independência.

É interessante ver que o autor mais citado pelo jornal como exemplo das "novas idéias" e da emancipação nacional não era nenhum dos que hoje em geral se consideram como clássicos, como Rousseau, Voltaire ou Montesquieu (embora estes aparecessem). O autor mais lembrado nesta linha chamava-se abade de Pradt. Quem era este personagem? Dominique-Georges-Frédéric de Pradt (1759-1837) identificava-se mais com o moderno liberalismo político e econômico do início do século XIX do que com o Iluminismo do século anterior. Com sua teoria das "três idades das colônias", o abade de Pradt pregava a emancipação preparada em comum acordo entre os reinados europeus e seus territórios de outros continentes, proposição estampada num livro que começou a ser redigido em 1787 (mas publicado entre 1801 e 1802), *Les Trois ages des colonies ou de leur état passé, présent et à venir* [As três idades das colônias ou de seu estado passado, presente e futuro]. Ou seja, utilizando-se de uma metáfora biológica para entender relações históricas, o autor afirmava que as colônias, num processo de desenvolvimento semelhante ao dos seres humanos, teriam seu nascimento vinculado às mães-pátrias, em seguida começariam a amadurecer e, naturalmente, separar-se-iam dos pais, obtendo autonomia. Modelo, aliás, que acabaria de certo modo aplicado no Brasil de 1822.

Aproveitando tais idéias quando elas ficaram mais convenientes para o momento em que viviam, Ledo e Januário alinharam-se, dentro da maçonaria, numa tendência que apoiava a monarquia constitucional e a figura de d. Pedro I, certo, mas previa que os poderes do monarca estariam constitucionalmente mais limitados e repartidos com as elites políticas, através dos mecanismos de representatividade eleitoral existentes na época. Por isso, Ledo e Januário chocaram-se de frente com a tendência capitaneada por José Bonifácio que, à maneira do *despotismo esclarecido*, dava mais ênfase ao poder do Príncipe e de seus conselheiros. Daí que alguns historiadores tendem a personalizar a disputa Ledo / Bonifácio que, mesmo tendo se tornado pessoal, remetia a concepções de poder diferentes. O embate entre esses grupos foi fatal para a maçonaria e para os rumos da história do país: explodiu com força no espaço maçônico, quase aniquilando-o, e foi além dele, definindo o perfil do Estado, das novas instituições e da ordem nacional.

A trajetória de vida de Joaquim Gonçalves Ledo (1781-1847) não seria mais a mesma e, apesar de ter sido efetivamente um dos principais articuladores políticos da Independência brasileira, nunca conseguiu se recuperar após o "racha" ocorrido na maçonaria (onde era o destacado grande vigilante do GOB e tinha como apelido maçônico Graco) e ficou relegado a um discreto local no Panteão simbólico dos Pais da Pátria. Os irmãos Graco, Tibério e Caio, em quem Ledo foi buscar inspiração na identidade maçônica, foram tribunos que identificaram-se com contestações à ordem e tiveram suas vidas destruídas ao entrarem em confronto com os setores mais conservadores do Império romano. A escolha seria quase premonitória. Nascido no Rio de Janeiro, Ledo teve trajetória marcada por revezes e sucessos. Foi estudar em Coimbra, mas interrompeu os estudos com a morte do pai e a necessidade de retornar para assumir os negócios. Os que o conheceram impressionavam-se com seu dom oratório, com a maneira como encantava as pessoas e dominava um ambiente pela articulação de discursos os mais envolventes. Na palavra impressa sua retórica também fluía. Funcionário público de nível técnico, teve participação decisiva e agigantou-se nos idos de 1821-22. Mas com o processo movido pelo governo José Bonifácio, teve que fugir do país para não ser preso e exilou-se em Buenos Aires. Por isso não participou da primeira Assembléia Constituinte brasileira em 1823.

Acusado dura e injustamente de republicano e revolucionário, Ledo, ao voltar ao Brasil, no Primeiro Reinado, procurou reaproximar-se de d. Pedro I. Elegeu-se deputado pelo Rio de Janeiro, mas acabou estigmatizado por todos os lados, visto como ambíguo e ambicioso e abandonado por seus amigos pessoais e políticos, entre os quais José Clemente Pereira, que galgou altos postos na vida pública. Gonçalves Ledo tentou o Senado e não conseguiu. Não pegou nenhum ministério. Desgostoso, retirou-se da vida pública e passou os últimos anos em sua fazenda, chamada sugestivamente de Sumidouro, no sertão do noroeste fluminense, onde hoje se encontra o município de Cachoeiras de Macacu. Lá era tido como festeiro, dava banquetes, promovia encontros para comer, beber e dançar, gostava de ser o centro das atenções no salão. Consta que, cercado pela Mata Atlântica, escreveu bastante, memórias, testemunhos, livros de história e cartas, mas, pressentindo o fim da vida e persistindo os ressentimentos, queimou quase tudo que havia escrito e os papéis que possuía, inclusive cartas trocadas com d. Pedro I, que o tratava nos áureos tempos de "meu Ledo". Desterrado no próprio país que ajudou a criar, recebendo algumas comendas como pífia compensação, assim foi o melancólico fim de Gonçalves Ledo.

Januário da Cunha Barbosa (1780-1846), companheiro de Ledo na redação do *Reverbero*, ao contrário, teve uma sobrevida impressionante na cena pública e um lugar destacado como construtor da memória e da história nacionais, embora não enquanto estadista mas, sim, como intelectual. Viria a ser um dos fundadores e secretário perpétuo do Instituto Histórico e Geográfico Brasileiro, produzindo uma quantidade avassaladora de textos históricos sobre os mais variados assuntos, quase todos publicados, além de onipresente nas muitas associações culturais e políticas que surgiram no período. Orador do GOB (assim como fora pregador da Capela Real de d. João VI e seria da Capela Imperial com d. Pedro I), membro da loja Comércio e Artes, foi enviado a Minas Gerais na tarefa de articular a Independência. Januário escolhera na maçonaria o apelido enciclopédico de Diderot e foi por aí, como intelectual profissional e prolixo, que deixou as principais marcas de sua atividade e conseguiu evitar o naufrágio pessoal que arrastou a tantos pioneiros maçons.

A perseguição de 1822 ao desmantelar as maçonarias acabou com o jornal *Reverbero Constitucional Fluminense*, do mesmo modo que o *Regulador Brasílico-luso* desregulou-se e também encerrou suas páginas ao perder o compasso do tempo.

Não se pode esquecer, além disso, que ligando-se à imprensa, as maçonarias ampliavam seu raio de ação. Permeadas de tradições e de lugares de sociabilidade formais e informais, as principais cidades brasileiras passam a ter também, a partir da década de 1820, uma novidade: os locais de venda e circulação da imprensa como espaços urbanos significativos. As tipografias e as primeiras livrarias eram habitualmente freqüentadas por redatores e leitores: conversas, contatos, laços de solidariedade política. Freqüentar pontos de venda dos impressos, leituras coletivas e cartazes e papéis circulando de maneira intensa pelas ruas são práticas que passam a incorporar-se ao cotidiano da população. A força da palavra falada, manuscrita ou impressa. É uma época marcada pela expansão do público leitor, das tiragens e do número de títulos, dando à escrita impressa uma crescente importância, apesar de ainda diminuta em relação ao total da população. A alfabetização era escassa, mas o rótulo de "elitismo" para a imprensa que surgia deve ser visto com cautela. Mesmo no Brasil escravista. Havia cruzamentos e interseções entre as expressões orais e escritas, entre as culturas letradas e iletradas. E a leitura, como nos tempos então recentes do Antigo Regime, não se limitava a uma atitude individual, coletiva ou privada, mas possuía contornos coletivos. Neste sentido, a circulação do debate político ultrapassava o público estritamente leitor ou maçônico.

José Bonifácio, grão-mestre

José Bonifácio de Andrada e Silva (1763-1838) tornou-se mais elogiado após a morte. Enquanto atuou foi alvo de polêmicas, realizou e sofreu perseguições, esteve no topo do poder e no ostracismo. Na maior parte de sua vida, José Bonifácio foi um típico homem de letras e administrador português nascido no Brasil, um sábio enciclopedista e pragmático que se esforçava em trazer as *Luzes* para os territórios coloniais. Fez de tudo um pouco: chefe de polícia, mineralogista, botânico, viajante, poeta, filósofo... Consta ter se iniciado na maçonaria em Portugal, 1802. Apoiado com especial desvelo por d. Rodrigo de Sousa Coutinho (conde de Linhares), típico herdeiro e seguidor do reformismo *ilustrado*, ou do absolutismo *esclarecido*, em terras portuguesas, Bonifácio foi talvez quem mais relutou em aceitar a separação do Brasil — paradoxo para quem viria a ser conhecido como Patriarca da Independência. Na correspondência privada Bonifácio encarava a Independência como uma tragédia. Sua passagem como grão-mestre do GOB foi meteórica. Eleito como primeiro grão-mestre em 28 de maio de 1822, na sessão preparatória de criação da entidade, só na sexta reunião é que compareceu para tomar posse. Na sessão de 2 de agosto, Bonifácio leva d. Pedro ao local e propõe que ele seja aceito como iniciante — fazendo assim com que um membro da dinastia de Bragança se tornasse pedreiro-livre. E na 17ª sessão do GOB, 4 de outubro, o príncipe d. Pedro foi nomeado grão-mestre (por sugestão de Gonçalves Ledo), destronando assim do templo maçônico José Bonifácio, que aliás não estava presente na ocasião. Foi uma típica rasteira de salão, cujo troco não se faria esperar. Como ministro do Império, Bonifácio ordenou uma devassa contra a maior parte dos integrantes do GOB, acusando-os de complô e subversão da ordem pública, medida que atingiu sobretudo os que se alinhavam em torno de Gonçalves Ledo e da proposta de dar mais limites constitucionais ao poder do imperador. Depois de amargar, a seu turno, prisão e exílio, José Bonifácio retorna ao Brasil, reinstala na clandestinidade o GOB em 1829 e, com a abdicação de d. Pedro em 1831, ganha uma sobrevida política. Recolocando-o no centro dos acontecimentos, d. Pedro, antes de partir, nomeia José Bonifácio como tutor de d. Pedro II e das princesas imperiais. Assumindo o cargo de chefe da corte imperial, Bonifácio passa a ser o principal líder dos antigos cortesãos e, ao mesmo tempo, opositor dos novos donos do poder, nas Regências, identificados com o liberalismo moderado — e acaba deposto do cargo em 1833.

Ficaram conhecidas as propostas de José Bonifácio para incorporar os índios e os descendentes dos africanos na argamassa que deveria formar um povo brasileiro homogêneo. Em relação aos escravos, o Andrada condenava o tráfico e pregava uma paulatina reforma nas instituições para que a situação dos cativos fosse suavizada e, a longo prazo, deixasse de existir o cativeiro. Tratava-se de uma forte condenação moral da escravidão, mas acompanhada da constatação de que não seria possível acabar com ela imediatamente. Quanto às populações indígenas, suas propostas seguiam linha semelhante: condenava as guerras de extermínio, defendia os métodos chamados "brandos" de integração à sociedade e apontava medidas concretas para que os índios se tornassem cidadãos úteis e produtivos, inclusive através do incentivo ao casamento com os não-índios. Em ambos os casos a preocupação central era integrar tais populações ao trabalho e à produção assalariada, evitando sempre que possível a violência e defendendo a miscigenação, para formar um povo brasileiro que seguisse os parâmetros da civilização ocidental, sob hegemonia européia. São propostas que não foram aplicadas na época e que, de algum modo, representaram uma tentativa de realização do postulado maçônico de Perfeição e Civilização.

Apostolado, um rival do Grande Oriente

A importância do Grande Oriente seria compartilhada pela sociedade secreta Apostolado, nome mais conhecido da Nobre Ordem dos Cavaleiros de Santa Cruz, fundada por José Bonifácio de Andrada e Silva em 2 junho de 1822. O grão-mestre do Apostolado seria ninguém menos que Antônio Carlos de Andrada, o mesmo libertino de Coimbra e participante de maçonarias revolucionárias no raiar do século XIX, mas que curiosamente não entrara para o GOB. Gonçalves Ledo estava arrolado entre seus participantes, mas sem papel de destaque. Essa associação, apesar de secreta, funcionava no mesmo imóvel do Comando das Armas no Rio de Janeiro, rua da Guarda Velha, ou seja, recebia apoio de importantes setores governamentais e militares. O próprio d. Pedro I foi nela acolhido com o título de arconte rei. Segundo Cipriano Barata, o Apostolado continuou a funcionar mesmo após a proibição das maçonarias e associações políticas em outubro de 1822. Barata via no Apostolado um braço da Santa Aliança no Brasil, ainda que o modelo de organização tivesse sido tomado dos carbonários italianos. Os "apostólicos" espanhóis, agremiação de tipo ultramontano, também teriam servido de exemplo a este grupo brasileiro.

E não deixa de ser sugestivo que o enviado a Pernambuco para articular o Apostolado tenha sido Antônio Teles da Silva Caminha e Meneses (1790-1875), que nasceu e faleceu em Portugal. Foi um dos mais destacados cortesãos da época: gentil-homem da câmara de d. João VI e de d. Pedro I (de quem era homem de confiança), mordomo-mor e veador da imperatriz Leopoldina. Foi, ainda, uma das testemunhas de acusação contra os oposicionistas processados na devassa de outubro de 1822 contra os maçons. Tornou-se um dos principais interlocutores brasileiros junto aos países da Santa Aliança ao desempenhar missões diplomáticas na Áustria, Paris e Rússia durante o Primeiro Reinado. Esteve em Pernambuco em abril de 1823 de passagem para Viena, onde foi emissário oficial junto a Metternich e ao próprio imperador Francisco I, sogro de d. Pedro I. Recebeu o título de visconde (com grandeza) de Resende em 1825. Anote-se também que Teles da Silva foi um dos principais informantes de Varnhagen para a elaboração de sua *História da Independência do Brasil*. Em seu depoimento no inquérito contra as maçonarias, Teles da Silva (cujo apelido no Apostolado era "Caramuru") denunciou vários participantes das reuniões do Grande Oriente do Brasil.

Cada vez que um integrante do Apostolado entrava no recinto de reunião, os demais se levantavam e desembainhavam punhais à guisa de saudação. Tal gesto quase redundou em tragédia quando d. Pedro I, acompanhado de escolta militar, foi à sede do Apostolado para dissolver a associação. Ao entrar o monarca, os demais o saudaram à maneira "apostólica" e a guarda pessoal do imperador já ia reagir, quando foi contida por ele próprio. O motivo da inesperada visita é que surgira denúncia de que no Apostolado se tramava a deposição de d. Pedro I. O imperador apreendeu na ocasião papéis que estavam com Antônio Carlos de Andrada e, no dia seguinte, 17 de julho de 1823, os Andradas foram definitivamente demitidos do ministério.

Um desvio internacional na rota da Perfeição

Enquanto os dilemas do GOB e da Independência mobilizavam o reduzido povo maçônico brasileiro, uma pequena mas sugestiva história se desenrolava entre idas e vindas pelo oceano Atlântico. Os postulados da Perfeição e do Universalismo possuíam agentes que faziam a rota do Novo Mundo. Estas intermediações poderiam estar manchadas de imperfeições. No Fundo Maçônico da Biblioteca Nacional da França não há documentos do século XVIII sobre o Brasil. Porém, um maço de manuscritos datados de 1822/1823 traz sugestivo exemplo de contatos maçônicos internacionais. Trata-se da loja secreta Bouclier d'Honneur (Escudo da Honra), estabelecida no Rio de Janeiro.

Os nomes citados eram pseudônimos. E a existência destes papéis deve-se a um aspecto curioso e inesperado da chegada das *Luzes* no Brasil: o roubo do dinheiro das contribuições brasileiras pelo *irmão* francês, nomeado de Collos filho (Collos fils), cujo pai, na França, encarregou-se da defesa das acusações feitas contra o filho, que desaparecera com a soma arrecadada. Além do aspecto pitoresco, o episódio serve para que acompanhemos os procedimentos de formação e legitimação de uma loja reservada maçônica no Brasil da primeira metade do Oitocentos, com seus usos, rituais, vocabulários e códigos de valores.

O Grand Orient de France, adepto do Rito Francês, enviou ao Brasil em data não informada, mas situada no começo de 1822 (logo, alguns meses antes da oficialização da Independência), o referido Collos filho, com "*pouvoir de député auprès des L∴.L∴. [Loges] du Brésil*" (poder de delegado junto às Lojas do Brasil). Seguindo o mesmo relato (fs. 11 e 12): "*Cette L∴. [Loge] venait d'être construite, sous les auspices du G∴. O∴. [Grand Orient] de France, par des ouvriers français et portugais*" (acabava de ser construída sob os auspícios do Grande Oriente da França por operários franceses e portugueses).

Este é um dado significativo, por tratar-se de agrupamento de franceses e portugueses num contexto onde a identidade nacional era ponto de demarcação e de antagonismos. O que parece indicar, então, que os membros desta loja não seriam propriamente simpatizantes da independência brasileira. Note-se, ainda, que o mesmo Grand Orient de France, em 1822, apoiara o Grande Oriente do Brasil, favorável à Independência. Todos os protagonistas estariam a par deste jogo duplo da agremiação francesa? Em todo caso, Collos fils foi recebido no Rio de Janeiro como "*un ange tutélaire*" (um anjo tutelar) e "*maçon régulier*" (maçom regular).

O fundador da loja seria um certo Ramel, apresentado como "*français d'origine, colonel d'artillerie au service du gouvernement brésilien*" (francês de origem, coronel de artilharia a serviço do governo brasileiro). Mesmo no terreno pantanoso das suposições, sabe-se que o representante diplomático da França no Rio de Janeiro, entre 1820 e 1823, era o coronel Maler, do qual Ramel é anagrama. Maler fez parte dos Emigrados durante a Revolução Francesa e serviu nas tropas portuguesas durante a invasão napoleônica. Além disso, seus relatos não mostravam a menor simpatia pela independência brasileira. Acrescente-se que o período em que Maler deixa seu posto e vai para a França coincide com a viagem de Ramel a Paris para resolver o caso do dinheiro maçônico roubado. Há indícios, portanto, sobre a possível identidade do fundador da Bouclier d'Honneur.

Voltando ao episódio do desvio da verba *iluminada*. Collos filho retorna a Paris em julho de 1822 (afinal, era verão...) com 225 francos, recolhidos dos *irmãos* brasileiros para "*payer les Constitutions*" (pagar as Constituições) da loja do Brasil. Trazia também uma caixa que continha o quadro da loja e os instrumentos da simbologia de iniciação. Este maçom deveria depositar todo o material com o *irmão* e médico Rivière, em Paris. Este, por sua vez, negava ter recebido qualquer coisa. Somente em novembro de 1823 Ramel chega a Paris para saber pessoalmente por que a constituição de sua loja não tinha sido registrada. Collos filho desaparecera, estaria "*en province*", segundo o pai. O caso complicava-se. O pai do acusado alegava que o dinheiro e as peças foram depositados com o *irmão* Lecamalier, capitão do navio chamado justamente *Le Père de Famille* (O Pai de Família). E a investigação realizada pelos confrades franceses conclui pela culpa do agente enviado ao Brasil. E mediante nova contribuição de 120 "mil réis" e a condenação (moral) de Collos filho, retomou-se o caminho da fraternidade universal.

É interessante acompanhar ainda o procedimento do ritual maçônico de legitimação da Bouclier d'Honneur, pois existem poucos testemunhos destas reuniões secretas para o Brasil deste período. Em 4 de novembro de 1823, Ramel expusera pela primeira vez aos confrades franceses o pedido de formação da loja no Rio de Janeiro. Ele fornece então uma "*Copie des Lois et Règlements du livre d'Or du B.˙. L.˙. L.˙. du B.˙. D.˙. O.˙. de Rio de Janeiro et sous les auspices du G.˙. O.˙. de France*" (Cópia das Leis e Regulamentos do livro de Ouro do Bouclier d'Honneur do Rio de Janeiro sob os auspícios do Grande Oriente da França). Era um texto com as regras da agremiação secreta, onde se afirmava que todos os integrantes deveriam falar francês e português, e os que não falassem português seriam traduzidos. Ramel em seguida toma a palavra e lê sua preleção:

[...] sous les formules de vos augustes auspices, je rends mille grâces Au Suprême G.˙. A.˙. de Lun.˙. {Grand Architecte de l'Univers} de la haute faveur et du rare bonheur que j'éprouve d'être ici sous la voûte de l'antique temple des vertus: avec le ministère de l'union fraternelle. Il y a long-temps mes I.˙. resp.˙. ff.˙. que nous nourrissons dans nos coeurs la haute ambition de vous appartenir par le lien inviolable de la fraternité munis de tels sentiments avec l'idée de vos heureux talens. Pour avoir présidé pour la plupart des causes convaincus que dans l'univers entier le temple des maçons est le véritable collège de la moralité humaine, quoique nous soyons séparés par la distance de trois mille lieux Nous avons su faire respecté vos sages Décrets maçonniques.

[...] sob as fórmulas de vossos augustos auspícios, eu rendo mil graças ao Supremo Arquiteto do Universo pelo alto favor e rara felicidade que eu experimento de estar aqui sob a cúpula do antigo templo das virtudes, com o ministério da união fraternal. Há muito tempo, meus Irmãos, que alimentávamos em nossos corações a alta ambição de vos pertencer pelo laço da inviolável fraternidade, imbuídos de tais sentimentos com a idéia de vossos felizes talentos. Por ter persistido na maioria das causas convencidos que no universo inteiro o templo dos maçons é o verdadeiro colegiado da moralidade humana, ainda que nos estejamos separados pela distância de três mil milhas, Nós soubemos fazer respeitar vossos sábios Decretos maçônicos.

A citação, embora longa, é significativa. Ela contém elementos-chave, expressos na saborosa linguagem dos códigos maçônicos. Quando o solicitante toca na questão da distância geográfica, ele assinala o problema das defasagens de tempo, da fragilidade dos intercâmbios. São condições geográficas que afetavam a implantação do "Collège de la Morale Universelle" (Colegiado da Moral Universal).

O não-dito é também instigante. Os enunciados se entrincheiram numa fraseologia consensual que apela ao alto discurso da salvação da humanidade (o escudo da honra...) — o que não impede que assuntos mais pragmáticos tenham sido abordados em outra ocasião.

A petição confirma o estabelecimento de uma hierarquia, na qual o Grand Orient de France se colocava no alto e a loja no Brasil numa posição subordinada: para que pudesse funcionar, era preciso o reconhecimento expresso. Esta espécie de internacionalismo tinha caráter centralizador e eurocêntrico.

As *Luzes*, sob forma de revolução ou de civilização, vinham do centro para as periferias. A sociedade nova, gerada a partir do Velho Mundo. Esta perspectiva parece clara na simples resposta do Grand Orient de France à demanda do Bouclier d'Honneur, em 18 novembro de 1823: "*La constitution demandée sera accordée.*" (A constituição solicitada será concedida.) O documento foi assinado por Fabre, Ramel e P. Rosquellas. E encerrava com elogios ao futuro promissor das regiões tropicais: "*Maçons, Frères et amis, jouissons de l'union et de la concorde sous l'ombre des beaux Palmiers du Brésil; symbole de la Gloire et de la Paix.*" (Maçons, Irmãos e amigos, gozemos da união e da concórdia à sombra das belas Palmeiras do Brasil, símbolo da Glória e da Paz.) E as *Luzes* estavam autorizadas a brilhar no meio das palmeiras.

Um francês maçom tenta civilizar os índios botocudos

Aplicar os postulados da Perfeição e Civilização aos índios do Brasil foi uma tarefa à qual se dedicou o francês Guido Tomás Marlière, um dos fundadores do GOB em 1822, além de criador da primeira loja maçônica regular de que se tem notícia em Minas Gerais, a Mineiros Reunidos, em Ouro Preto. Recebeu também a missão do GOB de articular na Bahia a Independência brasileira, tarefa que não pôde cumprir, entre outros motivos, devido à guerra civil desencadeada na província. Embora impregnado da sensibilidade romântica européia, Marlière não utilizava os índios apenas como símbolos ou alegorias, mas se relacionava diretamente com eles e propunha políticas buscando a integração destas populações à nova ordem nacional que se construía, às vezes contrariando os interesses dos grandes proprietários de terras e das frentes de expansão que pretendiam dizimar ou escravizar os indígenas e se apossar de suas terras.

Se o coração de Marlière parecia estar do lado dos Botocudos (nome genérico das tribos de índios de tradição guerreira que habitavam Minas Gerais, Espírito Santo e Bahia), sua cabeça funcionava com outros parâmetros: no fundo ele sonhava com uma espécie de modelo de perfeição social e humana fundado na rigidez simétrica tão marcante nas culturas prussiana e russa, inspirado pelo Romantismo e concretizado politicamente através das maçonarias num poder imperial. Em alguns de seus testemunhos fica uma certa impressão de que os índios seriam assim como uma matéria-prima ideal para a realização desta utopia, por não estarem ainda impregnados da civilização em sua vertente ibérica — à qual ele nutria discreto mas perceptível desprezo. Marlière permanecia fiel à idéia imperial de poder. Nascido em 1767, foi jacobino durante a Revolução Francesa, depois fez autocrítica e passou para a ala mais moderada dos girondinos e acabou emigrando junto com tropas derrotadas pelos revolucionários no poder. Chega em 1799 a Portugal e embarca com a Corte para o Brasil em 1807, sendo preso e acusado de bonapartismo ao chegar. Elogioso diante de d. Pedro I e de d. Pedro II, enviando índios à proteção do imperador germano Francisco II (queixava-se de que os índios tinham "bebido" todo o auxílio teutônico), são evidentes seus sinais de lealdade à forma imperial de governo. E que não se limitava às vertentes germânica, francesa ou brasileira, mas se estendia também ao Império russo. Diante do Império brasileiro que se formava, Marlière pregava a inserção dos botocudos nesta ordem imperial à luz da experiência russa. Ele pretendeu treinar militarmente os botocudos para que se tornassem, no Brasil, como os guerreiros cossacos ao serviço do imperador. Entretanto, enfrentou dificuldades de todos os lados: hostilizado pelos fazendeiros e autoridades locais, também não soube lidar com o hibridismo cultural dos índios que, incorporando algumas inovações ocidentais, mantinham-se fiéis a seus próprios padrões culturais. Marlière pediu mas não recebeu nenhuma comenda do Império brasileiro, passando seus últimos anos, desgostoso da vida pública, a estudar e escrever sobre as culturas indígenas que conheceu em Minas Gerais.

Após a proibição, resistência clandestina

A interdição das maçonarias por d. Pedro I sem dúvida prejudicou e esvaziou tais atividades logo após a Independência, mas há indícios de que a proibição nem sempre foi levada ao pé da letra. Pode-se supor que permaneceram agrupamentos clandestinos, mas sabe-se que alguns maçons assumiam publicamente suas reuniões. Foi o caso da loja Mineiros Reunidos, fundada em 24 de novembro de 1821, no rastilho da notícia da revolução liberal iniciada no Porto e logo incorporada ao GOB no ano seguinte. O criador desta loja foi o francês Guido Marlière (ver boxe) e seus primeiros participantes foram: Manuel de Portugal e Castro, Francisco Garcia, Antônio Caetano Pinto Coelho, Carlos Wallestein, Antônio Buzelem e João Pascoal — sendo que este último cedia sua casa para as reuniões. Em julho de 1824, portanto quase dois anos após a proibição das maçonarias pelo imperador, os membros da Mineiros Reunidos continuavam a se encontrar, tanto que enviaram petição ao presidente da província, José Teixeira da Fonseca Vasconcelos, solicitando permissão para manterem os trabalhos, apesar do decreto de 20 de outubro de 1822. Vasconcelos encaminhou o pedido ao ministro do Império, o também mineiro João Severiano Maciel da Costa, argumentando que tal "Governo da Sociedade Maçônica" funcionando na Imperial Cidade de Ouro Preto não representava ameaça "à boa ordem".

Mas nem todas as lojas maçônicas tinham intenções conciliadoras. Em 1825 a loja Vigilância da Pátria reunia-se de forma clandestina e sem continuidade, na medida em que seus integrantes temiam perseguições do governo monárquico brasileiro. O testemunho destas atividades, embora lacônico, virá de dois participantes, Nicolau do Campos Vergueiro (mais tarde senador e Regente) e do marechal José Joaquim de Lima e Silva. Como estes dois personagens estavam entre os líderes do motim militar e civil que desaguou na abdicação de d. Pedro I, não é difícil supor que a Vigilância da Pátria, secreta, se opunha ao governo e de alguma maneira conspirou para sua destituição.

E somente com a crise do Primeiro Reinado se acentuando é que em 1829 se reinstala na clandestinidade o Grande Oriente do Brasil, tendo novamente José Bonifácio como grão-mestre. Mas o contexto era outro, bem diferente de sete anos antes, e as próprias maçonarias vão expressar esta multiplicidade de opções que se colocavam na cena pública. A Independência estava consolidada, mas ainda faltava definir o modelo de Estado e de nação que iria prevalecer.

Bibliografia

A principal e mais atualizada obra sobre o período e o tema é de Alexandre Mansur Barata. *Maçonaria, sociabilidade ilustrada e Independência do Brasil (1790-1822)*. São Paulo-Juiz de Fora: Annablume-EDUFJF-FAPESP, 2006.

Um dos principais documentos para se estudar a presença da maçonaria na Independência do Brasil é a obra de Manoel Joaquim de Menezes, *Exposição histórica da maçonaria no Brasil, particularmente na província do Rio de Janeiro, em relação com a independência e integridade do Império*, Rio de Janeiro: Empresa Nacional do Diário, 1857.

Marco Morel. *As transformações dos espaços públicos: imprensa, atores políticos e sociabilidades na cidade imperial (1820-1840)*. São Paulo: Hucitec, 2005.

José Castellani. *História do Grande Oriente do Brasil. A maçonaria na História do Brasil.* Publicação do Grande Oriente do Brasil, nº 001, Poder Central, Brasília, 1993.

Isa Ch'An. *Achegas para a história da maçonaria no Brasil.* São Paulo: Edição do Autor, 1969.

Há importantes documentos no Fonds Maçonniques, Division de Manuscrits, Bibliothèque Nationale de France, Paris, bem como nas diversas seções da Fundação Biblioteca Nacional (RJ).

IV. Crescimento e brigas no século XIX

As divisões maçônicas apareciam de forma nítida na simbologia, mais especificamente através da chamada Arte Real. Tal expressão (que serve também para designar toda forma de hermetismo ou mesmo a maçonaria em geral) durante muito tempo denominava os vocabulários herméticos maçons, com seus códigos secretos que se expressavam em letras e algarismos dispostos em determinados critérios e padrões só revelados e dominados pelos respectivos integrantes. Como nos bons filmes de espionagem. O problema é que surgiram vários códigos herméticos, que nem sempre se comunicavam entre si (ver boxe na próxima página).

Deste modo, as maçonarias que no Brasil adotavam o Rito Francês Antigo, por exemplo, utilizavam-se do respectivo alfabeto francês antigo, que logo seria convertido para o francês moderno. Havia, ainda, os que preferiam o alfabeto holandês antigo. Sem esquecer os códigos de rito de adoção para o grau Rosa-Cruz e o alfabeto exclusivo dos soberanos grandes inspetores gerais do grau 33. Haja cabeça e memória para utilizar tantos símbolos. No Brasil parece ter predominado o alfabeto do sistema inglês. Note-se que outros textos da época, como a correspondência diplomática redigida por embaixadores e cônsules, quando tratava de assuntos delicados, também era redigida em (outros) códigos secretos. Em

As chaves dos vocabulários herméticos

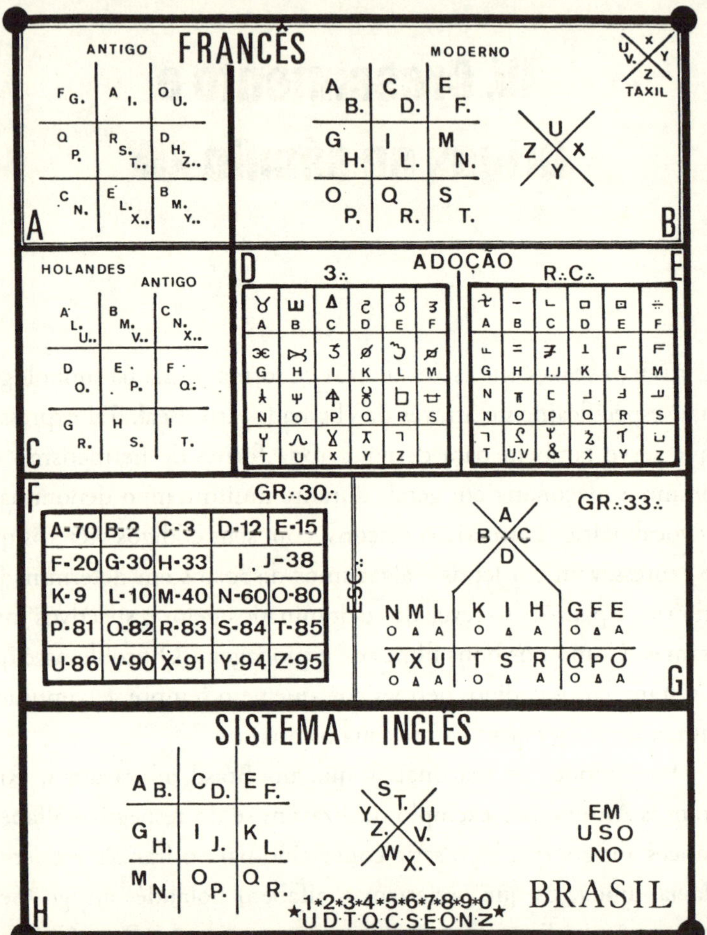

Fonte: Isa Ch'An, *Achegas para a história da maçonaria no Brasil*, 2ª parte, p. 322.

sociedades americanas ou européias, onde a maioria da população era analfabeta no início do século XIX, é de se assinalar esta verdadeira luxúria ortográfica e semântica.

Os vocabulários iniciáticos, trabalhosos e pouco operantes, foram perdendo sentido na medida em que as maçonarias ampliavam sua presença no cenário público, sobretudo através de impressos. Embora não tenham desaparecido e perdurem até hoje, os vocabulários herméticos foram em grande parte substituídos pela publicidade das atividades maçônicas.

Veja-se o caso do conhecido livreiro e editor francês Pierre Plancher, na rua do Ouvidor, centro da capital imperial do Rio de Janeiro: acompanhava em perfeita sintonia as mudanças políticas e culturais. Com a abdicação de d. Pedro I em 1831, Plancher não parece vacilar diante da queda de seu protetor e, mostrando maleabilidade, muda o nome de seu negócio de Tipografia Imperial Plancher para Tipografia Constitucional de Seignot-Plancher, abandonando em boa hora o título de imperial. Passa então a acompanhar as tendências da sociedade transformando-as em linhas editoriais e publica uma série de obras relativas às novas formas de sociabilidade que se expressavam, como *Constituição do povo maçônico* (1832) e os *Anais maçônicos fluminenses* (1832), e imprime também os *Estatutos da sociedade de educação liberal* (1833). Nesse período outro editor francês, Ogier, maçom e dono também de importante tipografia, passa a publicar textos da Ordem dos Pedreiros-Livres. São deste momento, início dos anos 1830, os primeiros manifestos maçons impressos e tornados públicos no Brasil. Assim, dos vocabulários herméticos aos textos publicados pelas tipografias, os grupos maçônicos passavam por uma fase de importantes transformações, que correspondia a novas formas de presença nos espaços associativos da sociedade brasileira.

Disputas entre *irmãos*

Irmãos brigam mesmo. E *irmãos* também. Ainda mais em fase de crescimento. Apesar do clima de mistério, sabemos que as maçonarias não existem isoladas da sociedade e podem ser melhor compreendidas no conjunto do movimento associativo do qual fazem parte em cada época.

Mais do que discutir se as maçonarias brasileiras foram ou não abolicionistas desde suas origens, é importante perceber que, por seu ideal igualitário, elas representaram no Brasil escravista a possibilidade de ascensão para indivíduos oprimidos do ponto de vista étnico e social. Ou seja, havia homens mulatos e descendentes próximos de escravos libertos que encontravam vez e voz na Ordem dos Pedreiros-Livres que não possuíam restrições de origem racial ou de tradição familiar acentuadas. Tornava-se, assim, um espaço de construção da cidadania, ampliando as possibilidades de participação a setores que inicialmente não tinham acesso às instituições oficiais ou tradicionais. Mas tais fatores não representaram uma ruptura revolucionária: até porque a maçonaria mantinha suas hierarquias internas que, por sua vez, nem sempre eram as mesmas da sociedade escravocrata. Tal característica ajuda a explicar por que as maçonarias se alinhavam na tendência filantrópica que marcou a sociedade brasileira oitocentista. Se a filantropia não era escravista, também não se colocava como revolucionária.

Entre os anos 1830 e 1860 assistimos no Brasil a uma proliferação das maçonarias, acompanhada, é verdade, de uma divisão maior entre elas — algo que ocorreu também com outras formas de associação. Foi uma fase ao mesmo tempo confusa e dinâmica, quando as maçonarias ganham mais visibilidade e são atravessadas pelas diversas demandas da sociedade.

É a partir desta época, por exemplo, que surgem no país os primeiros textos impressos e assinados por entidades maçônicas, tornando pública sua atuação de maneira mais evidente. Por que tal fenômeno ocorreu? Porque se passava uma transformação mais intensa nos espaços públicos urbanos e na maneira de utilizá-los para as atividades políticas e coletivas. É uma pena que esta riqueza participativa tenha sido, em parte, deixada de lado pela historiografia escrita por maçons, na medida em que estes buscam valorizar a unidade e o papel da instituição somente em momentos marcantes, como Independência, abolicionismo e campanha republicana.

Na verdade, o período regencial (1831-1840), por exemplo, representou momento de explosão da palavra pública em suas múltiplas (e nem sempre tranqüilizadoras) possibilidades, momento de pluralidade que, se não foi puramente "desordeiro", também não significava somente expressão de posições monolíticas e definidas. Tal período e os anos seguintes podem ser vistos como um grande laboratório de formulações e de práticas políticas e sociais, como ocorreu em poucos momentos na História do Brasil. Foram colocados em discussão (ou pelo menos trazidos à tona): monarquia constitucional, absolutismo, republicanismo, separatismo, federalismo, liberalismos em várias vertentes, democracia, militarismo, catolicismo, islamismo, messianismo, xenofobia, afirmação de nacionalidade, diferentes fórmulas de organização de Estado (centralização, descentralização, posições intermediárias), conflitos étnicos multifacetados, expressões de identidades regionais antagônicas, formas de associação até então inexistentes, vigorosas retóricas impressas ou faladas, táticas de lutas as mais ousadas etc.

Importante ter em mente que as associações não eram apenas maçônicas nesse período. Nas transformações dos espaços públicos e na implementação da modernidade política, acentuadas durante as regências, aparecem pela primeira vez no Brasil associações públicas explicitamente políticas. No âmbito das três principais linhas políticas (exaltados, moderados e restauradores), surgem agrupamentos institucionais que correspondiam a tais tendências. Deste modo, temos respectivamente as Sociedades Federais, as Sociedades Defensoras e as associações Caramurus espalhadas por várias províncias, sendo que muitos de seus membros eram também pedreiros-livres. Em alguns casos, a maçonaria correspondia a um ramo secreto ou reservado de tais grupos públicos.

A importância do período regencial coloca-se porque, dilacerante, foi momento-chave para a construção da nação brasileira quando, ao custo de muitas vidas e despesas, garantiu-se a independência e o caminho de uma ordem nacional, com determinadas características. A estrutura política — que se pretendia consolidar como Estado nacional — abalava-se pela ausência de poder centralizado na figura do monarca e pela emergência de atores históricos variados com suas demandas sociais. O Brasil recém-independente parecia prestes a se despedaçar, mas acabou tomando um rumo. O período regencial foi, portanto, tempo de esperanças, inseguranças e exaltações, tempo de rebeldia e de repressão, gerando definições, cujos traços essenciais permanecem na sociedade. Neste ambiente, as maçonarias foram uma das principais formas de associação e não escaparam às características e embates da época.

Surgem vários Grandes Orientes

Vimos que nos idos da Independência aparecera o Grande Oriente do Brasil, fechado em outubro de 1822. Pois em 1831 na capital brasileira surgiram nada menos que cinco Grandes Orientes. Ainda que os maçons atuais desacreditem ou não atribuam legitimidade institucional a tais agrupamentos, eles fazem parte da história maçônica brasileira. Os nomes destes centros eram semelhantes entre si, as brigas e intrigas complicadas e os motivos de andarem separados nem sempre se explicavam facilmente pelos próprios participantes

— que dirá para quem lida com o tema quase dois séculos depois... O entra-e-sai de lojas e maçons que num momento se aliavam e, em outro, se repeliam, deixa águas turvas.

A começar pela Grande Loja Brasileira (provavelmente oriunda das lojas maçônicas clandestinas do Primeiro Reinado), composta de pelo menos três lojas: União, Sete de Abril (alusão à data da abdicação de d. Pedro I) e União e Vigilância. Entre seus integrantes havia os apelidos de Jefferson 2 e Caneca 2, dos quais desconhecemos os verdadeiros nomes. Mas podemos verificar a homenagem, respectivamente, ao *pai* da república federalista norte-americana e ao frade carmelita mártir do republicanismo pernambucano de 1824. Esta Grande Loja era também conhecida por "Moderno Oriente", seja em razão do rito seguido (francês moderno), seja pelas posições políticas mais progressistas. Ela possuía vínculos evidentes com a Sociedade Federal do Rio de Janeiro, cujo diretor, Ezequiel Correia dos Santos, fazia apologia das atividades maçônicas no seu jornal *Nova Luz Brasileira*, ligado aos liberais exaltados. Veja-se, por exemplo, este trecho do periódico, de 1831:

> *Maçonaria ou pedreiro-livre: significa a mais antiga Sociedade Secreta, que há no mundo à bem dos filhos de Adão: é formada por uma escolha de bons cidadãos filósofos, e outras pessoas de luzes e virtudes: é a mais simples, e ao mesmo tempo a mais sublime em trabalhos, e a mais santa de todas as associações reservadas.*

Os líderes exaltados faziam apelo à participação das camadas pobres da população na vida pública e acenavam contra a opressão econômica, social e étnica. Valorizavam também o federalismo e a descentralização administrativa, englobando assim algumas oligarquias regionais. Fizeram uso de luta armada e identificavam-se por determinadas palavras de ordem veiculadas pela imprensa, apesar de boa dose de divergência entre seus integrantes. Condenavam a escravidão em diferentes graus, variando a forma e o ritmo com que propunham sua extinção, em geral de forma gradual. Os exaltados, por fim, nem sempre assumiam esta denominação, do mesmo modo que eram chamados de outros apelidos, como jurujubas e farroupilhas. Vale assinalar que tal tendência política será duramente reprimida — com prisões e mortes — entre outros, por Luís Alves de Lima e Silva, futuro maçom e duque de Caxias.

Havia na mesma época o Grande Oriente do Brasil. Em 1829, José Bonifácio volta do exílio e comanda esta agremiação recriada, que passa a agir então de forma secreta e ainda sob o Rito Francês, como o Grande Oriente extinto em 1822. Entre setembro e outubro de 1831 (portanto, após a abdicação do imperador), ocorre a reinstalação solene do seu templo.

O discurso de José Bonifácio na reinstalação do Grande Oriente em 1831 é uma peça oratória típica daqueles tempos:

> *A Gl.˙. do Gr.˙. Arch.˙. do Universo [À Glória do Grande Arquiteto do Universo]*
>
> *A todos os Maçons espalhados na superfície da Terra — S.˙. U.˙. e F.˙. [Saúde, União e Fraternidade].*
>
> *[...] Debaixo de tua égide tutelar neste Templo Sagrado, onde nos ajuntamos para celebrar teus benefícios e praticar a virtude, ajuda-nos a combater as trevas com a tua radiosa Luz, a trabalhar com novo afinco na felicidade dos Maçons e dos homens em geral; e a pregar, como convém, o amor, respeito e confiança que devem os Governos, se desejam conservar-se e prosperar.*

O Andrada assinava este grandiloqüente pronunciamento com o pseudônimo científico de Pitágoras e datava do 3º dia do 9º mês do ano da V.˙. L.˙. 5831.

Interessante notar que diversas maçonarias (inclusive este Grande Oriente) passam de secretas a reservadas nessa conjuntura, assinalando sua existência pela publicidade de algumas atividades e filiações através de impressos que circulavam abertamente.

Este Grande Oriente do Brasil englobava então seis lojas: Comércio e Artes; União e Tranqüilidade; Esperança de Niterói; Amor da Ordem; Imparcialidade e, enfim, Caridade. A loja Beneficência se agrega logo depois. Nomeado também Grande Oriente do Lavradio (onde seria a rua de sua sede, no Centro do Rio de Janeiro), incluía em suas fileiras chefes de partidos e formadores de opinião como Evaristo da Veiga (Moderado) e Januário da Cunha Barbosa (Caramuru) e os magistrados Balthazar da Silva Lisboa e José Bernardino Baptista Pereira, ex-alunos de Coimbra, como José Bonifácio.

O Grande Oriente do Brasil aparecia como local de convívio entre liberais Moderados e Caramurus. Equilíbrio, ponderação e razão pareciam compor o lema dos Moderados, vistos como expressão política dos interesses econômicos dos plantadores de café ou de comerciantes brasileiros das províncias do Rio de Janeiro, São Paulo e Minas Gerais. Já os Caramurus eram compostos de militares, cortesãos e altos burocratas, tinham uma postura antiliberal e defendiam poderes mais centralizados e fortes para o monarca.

Em 1834 ocorreu um "racha". O Grande Oriente do Brasil é acusado de defender o *sistema aristocrático* e perdeu a adesão de duas lojas, Comércio e Artes e Beneficência. Sabe-se que até aquele ano o grupo de José Bonifácio estava envolvido com as tentativas de retorno de d. Pedro I. Descobriu-se a existência da loja Beneficência do Oriente do Vale da Vitória que integra a dissidência do mesmo ano. Três de seus membros, Idelfonso Joaquim Barboza de Oliveira, Joaquim José do Amaral e Luiz D'Alincourt imprimiram um manifesto na Tipografia de Lessa e Pereira, denunciando a "tendência ao sistema aristocrático" do Grande Oriente do Brasil. O que não fica claro no texto é se a crítica era dirigida apenas ao modo de funcionamento da entidade, à uma concepção de governo e de sociedade em geral, ou a ambos os casos. A Beneficência e a Comércio e Artes desejaram aderir ao Rito Escocês "pela novidade" que ele representaria. E o Grande Oriente, fiel ao Rito Francês, proibiu esta dissidência de maneira "despótica e arbitrária".

Outra que participou desta dissidência, a loja Comércio e Artes, oriunda dos tempos do reinado de d. João VI, contava entre seus membros Evaristo da Veiga (que preferia as atividades *profanas*) e o cônego Januário da Cunha Barbosa, orador oficial durante as cerimônias. Em 26 de junho de 1834, após 19 dias de discussões encarniçadas, esta loja se separou do Grande Oriente do Brasil. Estes maçons, tornados assim independentes, formaram um novo Conselho Supremo com a loja Amizade Fraternal, adotando o Rito Escocês.

Enfim, às vezes é difícil acompanhar as lógicas e motivos de tantas divisões — e mesmo os que participavam de tais medidas nem sempre tinham clareza do que se passava. A facciosidade nem sempre segue uma lógica retilínea, apesar dos discursos racionalistas em que se baseiam.

Em 1837, o Grande Oriente Brasileiro publicou um impresso, assinado pelo grão-mestre José Bonifácio, tornando pública parte de suas atividades. Com a morte deste, assume o posto no ano seguinte Francisco de Holanda Cavalcanti, visconde de Albuquerque, também um dos expoentes do "partido" Caramuru e que dirigiu a entidade até 1850. Holanda Cavalcanti era o principal chefe político de importantes oligarquias — famílias poderosas que, mescladas entre si, dominavam grande parte da política e da economia das províncias do Nordeste. Ele teve uma trajetória rumorosa e polêmica na vida brasileira. Logo após a abdicação de d. Pedro I em 1831 conspirou com o embaixador francês, Edouard Pontois, para fazer uma secessão no Império do Brasil, separando as províncias do Norte e Nordeste em outra monarquia independente. Não conseguiu. Foi candidato a Regente Único em 1835, perdendo para o padre Diogo Feijó. Holanda Cavalcanti foi ministro da Fazenda e membro do Conselho de Estado, ou seja, nunca rompeu com a ordem nacional que procurou quebrar — sempre em benefício dos interesses que representava. Se na economia e na política regional seu poder e o de sua família era forte, na política nacional sempre esteve presente, mas nunca tão alto quanto gostaria. Pelo menos foi mais bem sucedido no espaço maçônico: elegeu-se sucessivamente durante 13 anos grão-mestre do GOB. Nesse período a entidade parece ter vivido um misto de calmaria e rotina. Realizaram-se tratados de amizade com as Grandes Lojas de Hamburgo, Nova York e Prússia e instalou-se na sede da rua do Lavradio, na Lapa, Rio de Janeiro, ainda hoje um espaço maçônico.

Havia outro Grande Oriente Brasileiro (e não do Brasil, a sutileza das palavras...!) na capital da monarquia brasileira em 1835, ao qual se acrescentava a identificação "situado ao vale do Passeio", talvez como forma de se distinguir de seus rivais. Seus dirigentes imprimiram naquele ano um manifesto na Tipografia Nacional que é um dos poucos documentos conhecidos sobre esse grupo. O texto, bilíngüe (português e francês), era dirigido aos Grandes Orientes dos *Dois Mundos*, expressão pela qual se designava, ao mesmo tempo, Europa ocidental e Estados Unidos da América. Seu grão-mestre era nada menos que Nicolau de Campos Vergueiro, ex-regente e senador, futuro pioneiro das colônias de parceria (empreendimentos agrários utilizando trabalho livre). A seu lado aparecia o general José Joaquim de Lima e Silva, membro de importante família de chefes militares e irmão de outro ex-regente, o general Francisco de Lima e Silva. Estes dirigentes participaram diretamente das manifestações no Campo de Santana no episódio que resultou no afastamento de d. Pedro I do poder. No manifesto de 1835 eles fazem alusões à loja Vigilância da Pátria, que existia clandestina desde 1825 e que estaria na origem do Grande Oriente Brasileiro. Havia, ainda, como grão-secretário, o padre Belchior Pinheiro de Oliveira — o mesmo que, nos sinuosos primórdios das maçonarias duas décadas antes, já pontuava em outras agremiações, como vimos.

Este Grande Oriente se orgulhava de agrupar uma rede com mais de cinqüenta lojas em diversas províncias brasileiras, chamadas de

Grandes Orientes Provinciais Federados, embora não tenha divulgado a lista destes afiliados. Ora, o fato de o Manifesto ser dirigido, também, aos EUA, ao lado da referência aos grupos federados, indica a proximidade dos integrantes deste agrupamento com as propostas do federalismo.

Tal Grande Oriente Brasileiro apresentava-se também como herdeiro da agremiação que tinha este nome em 1822, realçando que "a Maçonaria era a Irmã Gêmea da Independência brasileira" formulação que se tornaria, aliás, lugar-comum na memória histórica desses grupos daí por diante. Ao mesmo tempo, pois, em que compreendiam o espaço maçônico como lugar de afirmação da nacionalidade, os integrantes deste Grande Oriente criticavam outros grupos, como o Supremo Conselho dirigido por Francisco Montezuma, acusando-o de restaurador.

Este Grande Oriente Brasileiro trocou o Rito Moderno Francês pelo Rito Antigo e Aceito de Heredon em 1833. Dois anos depois, registrava a adesão de mais três lojas: Educação e Moral; Reunião Brasileira; e Amor da Pátria.

Como Grandes Orientes, o Brasileiro e o do Brasil rivalizavam sem disfarce. Disputavam os mesmos espaços. E tinham concepções diferentes de poder e de política. Tanto que o Grande Oriente Brasileiro (o federalista) definiu, em sua constituição, que seria proibido o cargo de grão-mestre a qualquer regente, chefe de governo ou mesmo príncipe ou membro da família imperial. Era uma atitude escaldada diante do papel destruidor representado por d. Pedro I e um recado aos que pretendiam *iniciar* o jovem d. Pedro II nos mistérios do templo. Já o outro Grande Oriente, do Brasil, ainda capitaneado por José Bonifácio, colocou em suas regras que era necessária e oportuna a entrada de um membro da família imperial brasileira na maçonaria — o que parece não ter se consumado no Segundo Reinado, apesar de d. Pedro II ter vários de seus ministros maçons.

Existia ainda outro Grande Oriente do Brasil durante as regências. Segundo o jornal exaltado *O Brasil Aflito*, tal agremiação funcionava no bairro da Lapa, Rio de Janeiro, dirigido por um certo "M.B.", que trabalhava *com mais segredo*. Podemos supor, embora sem comprovação, que estas iniciais pertenceriam a Domingos Alves Branco Muniz Barreto, baiano que, como já vimos, era maçom atuante e desempenhara papel importante no Grande Oriente do Brasil de 1822, propondo o título de imperador para o príncipe Pedro durante sessão maçônica.

Finalmente, também com o nome de Grande Oriente do Brasil (para desespero dos futuros historiadores...), ainda segundo *O Brasil Aflito*, existia mais um centro maçônico na cidade imperial, dirigido por um certo *sr. das Botas*. Quem seria este sr. das Botas? Até hoje permanece envolto em penumbra.

O redator do jornal *Brasil Aflito*, Clemente José de Oliveira, que trouxe a público esta profusão de Grandes Orientes, era crítico em relação à Ordem dos Pedreiros-Livres: "Nós dissemos que a Maçonaria terá talvez aumentado a desunião dos nossos Patrícios. [...] deduzimos que tudo é uma grande palhaçada." Pouco tempo depois de ter escrito tais palavras, em 1833, Clemente foi assassinado em pleno Centro da cidade imperial brasileira, por desavenças pouco esclarecidas.

Montezuma, um maçom destacado

Além desses cinco Grandes Orientes e suas respectivas lojas, existiam outros círculos maçônicos — que se pretendiam aglutinadores. Um dos mais influentes era o Supremo Conselho do Brasil. Tal era o nome do centro situado inicialmente no largo da Ajuda, Centro do Rio de Janeiro, criado por Francisco Gê Acaiaba Brandão de Montezuma. Montezuma foi figura singular da política imperial brasileira: mulato, baiano, adotou sobrenome indígena na época da

Independência, participou de luta armada contra os portugueses, exercitou-se nas artimanhas dos salões e gabinetes imperiais e abriu seu lugar entre as elites políticas, obtendo um título de nobreza, visconde de Jequitinhonha. Escrevia e discursava de maneira brilhante e fecunda. Exilado entre 1826 e 1827, tentou, em vão, receber o reconhecimento do Grande Oriente da França. Mas como as *Luzes* européias eram necessárias para a legitimação institucional, Montezuma conseguiu o aval do Supremo Conselho da Bélgica, em 1831 — o que indica, por um lado, a movimentação internacional deste personagem e, de outro, que haveria lojas maçônicas no Brasil, durante o Primeiro Reinado, ligadas a este grupo. Ao lado de Montezuma estava outro personagem que também mesclava nomes indígenas com portugueses: Cândido Ladislau Japi-Assú.

O Supremo Conselho, chamado também de Grande Oriente ou Grande Loja Central (daí algumas confusões), seguia o Rito Escocês Antigo e Aceito. Acusado, durante as regências, de partidário do despotismo e do retorno do ex-imperador (restaurador), o agrupamento, entretanto, faria homenagem à memória do *irmão* Lafayette (o chefe militar francês, maçom e político que se destacara na Guerra da Independência americana e na Revolução Francesa, *Herói dos dois mundos*), na época de seu falecimento em 1834.

Deputado na Assembléia Geral, Montezuma acabaria nomeado embaixador, o que causou comentários racistas do diplomata francês Edouard Pontois que via em Montezuma um *mulato*. A atuação deste político baiano, que vinha desde a época da Independência, foi intensa, como atestou o mesmo diplomata francês: "*[...] à son retour du Brésil, après le 7 d'Avril [1831], il embrassa le parti Caramuru et fut longtemps devant les tribunaux, dans les clubs et les loges maçonniques son principal orateur*" ([...] em seu retorno ao Brasil, após o 7 de abril [1831], ele se envolve com o partido Caramuru e foi por bastante tempo diante dos tribunais, das associações e lojas maçônicas seu principal orador).

Apesar da militância e dedicação, Montezuma acabaria expulso do Supremo Conselho que ajudara a criar, em 5 de agosto de 1835, após tempestuosa disputa interna. Cândido Japi-Assú foi um dos que mais investiu contra o *irmão Montezuma*, ocupando, depois, o cargo deste. A acusação era de que Montezuma se aproveitava da maçonaria para obter cargos públicos importantes e outros benefícios. E que durante as sessões maçônicas achacava os participantes, pedindo-lhes dinheiro considerado excessivo para as contribuições e trabalhos, além de incorporar de forma repentina (e mediante pagamento) novos *obreiros* ainda não devidamente *iniciados* nos mistérios da Perfeição. Mas é curioso verificar que este político baiano foi derrubado e substituído pelo grupo de José Bonifácio de Andrada e Silva, que sempre ocupou cargos políticos relevantes. O novo chefe do Supremo Conselho foi Antônio Carlos de Andrada, o mesmo pioneiro das maçonarias e libertino quando aluno em Coimbra.

Decorre daí que, em 1837, este Supremo Conselho, aliado ao Grande Oriente do Brasil, solicitava filiação ao Grande Oriente da França. O prazo para esse tipo de negociação era longo, com idas e vindas entre os dois hemisférios. E somente em 22 de julho de 1846 o reconhecimento seria aprovado pelo Grand Collège des Rites en France (Grande Colegiado dos Ritos na França), sob o Rito Escocês Antigo e Aceito. O intermediário brasileiro nas negociações era um certo *irmão* Oliveira.

Grupos independentes

Nota-se, durante as regências e depois, a multiplicidade de grupos maçônicos, alguns independentes de Grandes Orientes. Sem contar os que entravam e saíam de um círculo para outro, pulando como pipoca quente. Como a loja Amizade Fraternal, fundada em 5 de março de 1832: dois anos depois ela se associaria com a Comércio e Artes (que saíra do Grande Oriente do Brasil, como foi visto) para formarem um outro Supremo Conselho.

Sabe-se da existência da loja Integridade Maçônica graças ao aparecimento de um folheto que, em 1837, publicava homenagem póstuma a Evaristo da Veiga, em sessão que teve Antônio Felix Martins como orador. Entretanto, o documento não especifica se Evaristo era membro desse grupo. Havia várias referências à loja Comércio e Artes, o que indica proximidade com esse círculo.

Sob a responsabilidade de uma Maçonaria Adonhiramita foram impressos nove folhetos no Rio de Janeiro entre 1836 e 1840, com a descrição detalhada de ritos e simbologias, mas sem nenhuma menção a pessoas, lojas ou datas.

O anonimato também caracteriza a loja Perseverança, fundada em 8 de outubro de 1834 e adepta do Rito de São João da Escócia, de acordo com folheto assinado por este grupo em 1835.

No mesmo período assinala-se a existência de três associações secretas, sobre as quais não se conhece maiores informações: Salomão, de 1833; The Orpham nº 616, ligada ao Grande Oriente da Inglaterra entre 1834 e 1842, e a Loja Perfeita União, de 1836.

A loja Segredo, apresentada como independente de qualquer centro maçônico em 1832, teria se constituído pela fusão de duas lojas: Imparcialidade e Caridade. Talvez fossem grupos insatisfeitos com a integração ao Grande Oriente do Brasil reinstalado em 1831 e que passa a aglutinar várias lojas. Este movimento de incorporação pode ter gerado resistências. Mas aqui estamos nas zonas de sombra das *Luzes*.

A filantropia como motivo

Vale a pena compreender que as diversas associações não eram estritamente políticas, mas multifuncionais. E pode-se dizer que a filantropia era o principal motor associativo no período.

Veja-se como exemplo, entre tantos outros, o caso de uma dessas agremiações não-maçônicas. Ainda durante o Primeiro Reinado surge a Sociedade Amante da Instrução. Criada inicialmente sob o nome de *Sociedade Jovial Instrutiva*, em 1829, tinha por finalidade dar cursos para os jovens pobres. De acordo com seu diretor, Manoel João Gularte, tratava-se de "socorrer a humanidade, e levar instrução à ignorância, especialmente à classe dos pobres". Havia, pois, uma opção que consistia em dirigir o trabalho pedagógico às camadas pobres da população, num espírito nitidamente filantrópico. Era, pois, local de contato entre homens de letras e camadas pobres urbanas, com objetivo de levar as *Luzes* a elas. Em 1831, a associação foi regulamentada e funcionava no beco da Lapa. Dois anos depois, no governo das regências, a entidade foi colocada sob a proteção imperial. Sabe-se da extensão do público alcançado inicialmente: 244 alunos, que seguiam cursos de primeiras letras, francês, música ou arte tipográfica.

Ou seja, dentro de um mosaico de associações, as maçonarias estavam incluídas (e não colocadas à parte), inclusive porque seus participantes pertenciam a diferentes tipos de associações, maçônicas ou não. A perspectiva de classificar grupos distintos é complexa. Uma das premissas fecundas é perceber que as associações não são sempre unifuncionais, mas que podem cumprir simultaneamente várias funções sociais. Isto é, trata-se de considerar as associações como multifuncionais. As dimensões econômica, filantrópica, pedagógica, corporativa, política e cultural podem encontrar-se imbricadas numa mesma instituição. Entretanto, algumas referências marcam as especificidades de tais agrupamentos.

As associações econômicas existentes na época, evidentemente, tinham fins lucrativos: grupos de colonização de terras ou de exploração de sistemas de transporte, por exemplo. Entre as associações econômicas estavam a Sociedade Auxiliadora da Indústria Nacional e a Sociedade de Colonização, ambas formadas pelos principais dirigentes do Império.

Já a filantropia constitui-se num dos mais possantes motores do movimento associativo no século XIX — abrangendo o Brasil. A noção de filantropia pode ser comparada (e diferenciada) com as de beneficência, caridade e fraternidade. A filantropia é distinta tanto da tradicional prática da caridade cristã quanto da fraternidade revolucionária. A filantropia, tocada pelo espírito das *Luzes*, era o movimento dos que podiam ajudar (os ativos) em direção aos percebidos como despossuídos (passivos). A filantropia, também identificada como beneficência, era uma forma de expansão da civilização ocidental e ao mesmo tempo um meio eficaz de criar redes de poder e laços de clientela. Servia para auxiliar efetivamente os que recebiam algo, fortalecer o poder de quem dava e até, do ponto de vista mais pragmático, ajudava a formar um mercado interno e mão-de-obra mais especializada, à medida que ampliava entre a população os benefícios da civilização ocidental.

A pedagogia tinha um terreno comum com a beneficência: levar as *Luzes* do saber para os que não possuíssem, retomando, pela via da instrução, a incorporação de setores da população aos costumes, idéias e ao progresso civilizatório, bem como formação de mão-de-obra. Os agrupamentos corporativos formavam-se a partir de atividades profissionais ou por nacionalidade, visando assistência mútua. Até que ponto o mutualismo da primeira metade do século XIX era apenas uma continuidade das corporações de ofício proibidas pela Constituição de 1824 ou representava novas formas de organização?

Os grupos políticos, por sua vez, podem ser definidos como os que se constituem com objetivo explícito de pressão direta ou de intervenção na cena pública, como as associações federalistas, de defesa da Constituição etc., que apareceram no período estudado. E as associações culturais tinham como base objetivos de caráter cultural, artístico ou científico (e também mutualista).

Esta multiplicidade de funções marcava as associações existentes na cidade imperial brasileira no período, dentre as quais destacavam-se as maçonarias, representando 31 das 73 associações inventariadas no Rio de Janeiro entre 1820 e 1840, isto é, 42% do total. Ou seja, os maçons, embora destacados, freqüentavam também outros tipos de associação e tais pertencimentos marcavam reciprocamente as instituições.

A filantropia estava no cerne da identidade maçônica, como se pode ver no texto do Supremo Conselho do Brasil, de 1837:

> *[...] desde a mais remota idade tem a franco-maçonaria escocesa tido por base inalterável a tolerância, e por fim único a filantropia, pondo de parte tudo quanto respeita aos princípios religiosos e políticos d'aqueles que têm a inapreciável fortuna de serem chamados a formar as suas respeitáveis e virtuosas colunas.*

Ora, o enunciado acima é claro. Trata-se de postura que se pretende apolítica, aspirando aos grandes ideais da humanidade. O que era uma forma de igualdade de direitos diante dos valores aristocratas ou absolutistas tradicionais, ocultando-se do poder oficial da Coroa e da Igreja. Mas a negação da política, acompanhada da afirmação da unidade entre os *irmãos*, podia ser ao mesmo tempo uma forma de proteção mútua e um instrumento coercitivo. E dogmático. Isto é, com a recusa de nuances, oposições e divergências, que deveriam ser abafadas em nome da unificação, prevalecendo a lei do mais forte. Havia um discurso cujas diretrizes deveriam ser seguidas e quem escapasse era visto como traidor.

É de se destacar que as maçonarias, por estarem baseadas num ideal de pertencimento igualitário (embora hierarquizado), e na concepção iluminista de unidade do gênero humano, tornaram-se no Brasil escravista um espaço possível de ascensão política para homens mulatos. Este foi o caso, por exemplo, do já citado Francisco

Montezuma, como também o seria, em outra escala, para o cirurgião Joaquim Cândido Soares Meirelles.

Meirelles: a defesa dos mulatos na política e na ciência

O jornal de Joaquim Cândido Soares Meirelles, *Sentinela da Liberdade no Rio de Janeiro*, fez a defesa da ação política dos mulatos nos episódios recentes da história do Brasil, como a Independência e a abdicação de d. Pedro I. E o próprio Meirelles era exemplo vivo desta atuação. Nos idos de 1822, embora ainda não pertencesse à maçonaria, ele teve participação destacada nos lances militares e políticos no Rio de Janeiro que garantiram a Independência brasileira. Cirurgião militar do Batalhão de Caçadores, tropa fiel aos portugueses, Meirelles ouvia o que se passava lá e informava aos brasileiros. Foi ele quem descobriu o plano dos chefes militares portugueses, à frente o general Avilez, de prenderem o então príncipe d. Pedro em janeiro de 1822. Meirelles correu para avisar o próprio monarca, que assim pôde salvar-se e mobilizar as tropas fiéis aos brasileiros, que meses depois garantiriam a Independência. Somente depois destes episódios é que Meirelles *iniciou-se* na maçonaria.

Joaquim Meirelles valorizava a propagação da sociabilidade científica e dos benefícios da ciência para a sociedade em geral. Nascido em Minas Gerais, em 1797, foi um dos fundadores da Sociedade de Medicina do Rio de Janeiro (mais tarde Academia Imperial de Medicina), primeira associação laica a se ocupar da saúde pública no país. E pertencia também à Academia Philomatica, à Academia de Ciências de Nápoles e à Sociedade Defensora da Liberdade e Independência Nacional e era maçom. Inicialmente ligado aos liberais exaltados, redigiu o jornal *Sentinela da Liberdade no Rio de Janeiro* e viu-se envolvido num episódio conhecido como o da Sociedade Gregoriana.

Em 1831, no Rio de Janeiro, circularam boatos insistentes e alarmistas que indicavam a existência de uma associação, inspirada no exemplo do abade Grégoire (revolucionário francês conhecido por suas posições antiescravistas e anti-racistas), que pretenderia promover uma insurreição de escravos para acabar com o cativeiro, exterminar a população branca e forçar casamentos das mulheres brancas com negros e mulatos. Meirelles foi acusado de ser o chefe desta Sociedade Gregoriana que, afinal, nunca existiu e foi inventada por seus inimigos pessoais para atacá-lo — o que demonstra como a discussão de problemas raciais era intensa na época. Com a Maioridade de d. Pedro II, Meirelles envolveu-se na rebelião dos liberais de Minas Gerais em 1842, foi preso e deportado.

Em seguida, Meirelles parece ter transformado sua atuação na cena política: foi nomeado Médico da Imperial Câmara e membro do Conselho de sua Majestade, o imperador, além de receber condecorações como as Ordens da Rosa, do Cruzeiro e de São Bento de Aviz. Ele seria um dos pioneiros no tratamento das doenças mentais no Brasil no Hospital D. Pedro II e estaria, na medicina, na linha de frente em defesa da alopatia contra a homeopatia. Fez parte destacada, na imprensa e nas instituições, na longa e dura batalha (afinal vitoriosa naquele tempo) que consolidou a medicina alopática e desacreditou ou esvaziou a homeopatia, a qual considerava charlatanismo. Meirelles faleceu em 1868 e foi consagrado como Patrono do Serviço Médico da Marinha brasileira. Seu filho, Soares de Meirelles, seguiu também a carreira médica e um de seus netos, também chamado Soares de Meirelles, seria o discreto patrono do poeta Cruz e Sousa, já no início do século XX. De algum modo, Joaquim Cândido Meirelles conseguira, com eficácia e obstinação, romper o cerco que se erguera contra ele, por ser mulato e anti-racista.

Maçonarias: um espaço de atuação social

É sugestivo assinalar que o conde de Saint-Priest, embaixador francês no Brasil na década de 1830, via, com seus olhos europeus, vários mulatos na alta política brasileira. Entre os senadores ele incluía os nomes de Barbacena (Felisberto Caldeira Brant Pontes, marquês de Barbacena, eleito por Alagoas), Cachoeira (Luis José de Carvalho e Melo, visconde de Cachoeira, eleito pela Bahia) e Carvalho (provavelmente Joaquim de Carvalho, eleito em Pernambuco). A concepção de quem era mulato podia não ser a mesma entre autoridades francesas e brasileiras, inclusive porque os homens políticos do período não tinham o hábito de se apresentarem como descendentes de africanos.

A presença de mulatos nos altos escalões da monarquia brasileira não parecia trazer maiores preocupações (apesar de os agentes franceses se mostrarem visivelmente tocados por isso). O que acendia sinal de alerta entre grupos dirigentes era a fusão entre condição étnica e comportamento político tido como perigoso. A inexistência de associações laicas específicas para pardos ou mestiços apontada pelo diplomata se confirma. Embora seja importante levar em conta outros tipos de agremiações, como irmandades ou milícias, no mesmo contexto. Ou seja, os "homens de cor", como se dizia, não se encontravam apenas na escravidão e compunham o expressivo contingente classificado genericamente de pardos livres, que já no início do século XIX representavam aproximadamente um terço da população brasileira.

Outro ponto importante para compreender as associações do Brasil imperial é a presença expressiva das maçonarias. Mesmo assim, embora haja uma ligação evidente entre maçonarias e contexto histórico, não parece possível confirmar uma simetria entre posições políticas e os ritos maçônicos adotados. O rito que predominava era o Francês Moderno, seguido do Escocês Antigo e Aceito, além de outros menos representados, como Adonhiramita ou São João da Escócia. Entretanto, até onde pudemos observar, "moderno" e "antigo", nesses casos, não correspondiam a posições políticas. O Grande Oriente do Lavradio (moderados e caramurus) e a Grande Loja Brasileira (exaltados) eram adeptos do Francês Moderno. Enquanto o Supremo Conselho (caramuru) e o Grande Oriente do Passeio (federalista e liberal) seguiam o Escocês Antigo e Aceito. A incorporação de ritos podia estar ligada às circunstâncias dos contatos com os Grandes Orientes europeus que serviam de matriz legitimadora.

Quais eram os critérios de pertencimento maçônico? Segundo a Constituição de 1832, do Grande Oriente do Brasil (dirigido por José Bonifácio), os maçons no Brasil deveriam ter as seguintes características:

I — Vinte anos completos e bons costumes;
II — Ocupação livre e decente;
III — Um grau de instrução necessária para cultivar sua razão.

Tais critérios tinham nítido recorte social e eram, ao mesmo tempo, rígidos e pouco definidos. Subentende-se que os limites estavam na esfera dos cidadãos ativos. Excetuados escravos, mulheres, menores de idade e os analfabetos, havia margem de escolha por parte dos dirigentes maçons. Não se colocava um recorte racial, pelo menos de maneira direta e as fronteiras sociais tinham certa abrangência, dentro do círculo dos chamados homens bons do Império. Daí pode se compreender o que sinalizava o relato do diplomata francês: havia mulatos nos clubes.

Quem controlava as associações? Para responder a esta questão é preciso ultrapassar a visão simplificadora de que esses grupos sempre eram, de um modo ou de outro, controlados pelo governo. O problema do financiamento das associações nos remete a realidades diversas, que podem ser classificadas em diferentes casos: os grupos públicos que deviam pedir autorização do governo para funcionar, mas que podiam ser subvencionados (em parte ou totalmente) pelos próprios membros; as associações secretas, ou seja, sem permissão governamental, mas que podiam contar com altos dirigentes oficiais; as associações secretas sem nenhum tipo de ligação governamental; as que recebiam proteção imperial.

Estávamos diante de um contexto maçônico que, embora explicado pela situação da sociedade brasileira, envolvia relações humanas complexas e tinha algo daquele poema "Quadrilha", de Carlos Drummond de Andrade (ou da música do mesmo título, de Chico Buarque): fulano amava beltrana, que amava sicrano, que casou com J. Pinto Fernandes que não estava na história e queimava toda a quadrilha...

O resumo é que o Brasil foi mudando, e as maçonarias também. Com o árduo trabalho de consolidação do Segundo Reinado a partir de 1840, restaurou-se e reinventou-se a força do poder monárquico centralizador. O que normalmente se chama de paz e estabilidade no reinado de d. Pedro II na verdade foi fruto de uma longa e dura elaboração política e social, misturando repressão e incorporação. Muita gente morreu nos anos anteriores em conflitos sociais e políticos, muita gente se acomodou nos anos seguintes. Tendência que se expressaria na chamada Conciliação de 1853, na verdade um grande arranjo elaborado entre as elites políticas imperiais que permitiu certa estabilidade da ordem vigente. Depois da ação e da reação, vinha a transação — nas palavras de um político e jornalista da época, aliás também mulato, Justiniano José da Rocha. As maçonarias fizeram parte deste contexto.

O Supremo Conselho (criado por Montezuma, que acabou expulso, como vimos) uniu-se formalmente ao Grande Oriente Brasileiro (do Passeio) em 1842, formando juntos uma só entidade. Não por acaso, a partir de 1854, data do ministério da Conciliação, o mesmo Grande Oriente do Passeio por seu turno foi — segundo o linguajar maçônico — *adormecendo*, ou seja, esvaziando-se paulatinamente. Vários de seus *pedreiros* e lojas passavam para o Grande Oriente do Brasil (GOB). Até que por volta de 1861 o Grande Oriente Brasileiro *adormeceu*, fortalecendo, ao mesmo tempo, o poder do GOB rival, que assim ganhava importância central num Império centralizador.

Bibliografia

Eliane Lúcia Colussi. *A maçonaria brasileira no século XIX*. São Paulo: Saraiva, 2002.

Eliane Lúcia Colussi. *Plantando ramos de acácia: a maçonaria gaúcha na segunda metade do século XIX*, doutorado em História. Porto Alegre: PUCRS, 1998.

Marco Morel. *As transformações dos espaços públicos: imprensa, atores políticos e sociabilidades na cidade imperial (1820-1840)*. São Paulo: Hucitec, 2005.

Marco Morel. *O período das regências (1831-1840)*. Rio de Janeiro: Zahar, 2003.

José Castellani. *História do Grande Oriente do Brasil. A maçonaria na história do Brasil*. Publicação do Grande Oriente do Brasil, nº 001, Poder Central, Brasília, 1993.

Isa Ch'An. *Achegas para a história da maçonaria no Brasil*. São Paulo: Ethenion de 5969 (1969).

Há importantes documentos no Fonds Maçonniques, Division de Manuscrits, Bibliothèque Nationale de France, Paris, bem como nas diversas seções da Fundação Biblioteca Nacional (RJ), entre os quais a *Constituição do G.˙. O.˙. B.˙.*, Rio de Janeiro, Typographia do Ir.˙. Ogier, Rio de Janeiro, 1832.

V. Deus e o diabo na terra do sol: a Igreja e a maçonaria

A PELEJA ENTRE DEUS E O DIABO na terra do sol atravessou o Brasil dos anos 1870 através da disputa acalorada entre a Igreja e a maçonaria. Dos templos — maçônicos ou católicos — vinham torrentes de palavras e gestos, papéis impressos e aguerridas lutas simbólicas que espraiaram-se pela sociedade, inflamando corações e mentes. Excomunhão de um lado, crítica anticlerical de outro, as bandeiras e símbolos agitavam-se.

Antes de mais nada, uma advertência. O conflito entre Igreja Católica e maçonaria que eclodiu nos anos 1870 foi historicamente datado, não representava um antagonismo eterno. Não havia até então, apesar da animosidade do Vaticano e de setores eclesiásticos, incompatibilidade entre catolicismo e maçonaria no Brasil. Alguns sacerdotes brasileiros eram maçons na primeira metade do século XIX, como monsenhor Francisco Muniz Tavares, os padres Venâncio Henriques de Rezende, Antônio de Albuquerque Montenegro, Antônio Feliz Velho Cardoso e boa parte do clero envolvido nas rebeliões de 1817 e 1824. Sem contar que nos idos da Questão Religiosa inúmeros padres receberiam punição por serem pedreiros-livres. E sem esquecer que muitos membros de lojas maçônicas espalhados pelo país eram e continuaram a ser católicos.

Não se colocava, portanto, uma espécie de incompatibilidade natural entre católicos e maçons no Brasil mas, sim, um conflito que foi historicamente construído. Apesar das divisões e brigas notórias, é preciso reconhecer este papel de concórdia exercido pela maçonaria quanto à tolerância religiosa, num país em que havia uma religião oficial. Basta citar, por exemplo, o importante apoio que o protestantismo teve das maçonarias para se implantar no Brasil do século XIX.

Os relatos acerca da maçonaria brasileira oitocentista são carregados de referências a padres-maçons que rendiam reverência a Jesus Cristo e ao Grande Arquiteto do Universo, sendo comuns afirmações como a do historiador Oliveira Lima, para quem "o clero nacional era decididamente liberal e parte dele até maçom". É preciso, contudo, relativizar essa associação estabelecida quase que de forma automática entre os padres da primeira metade do século XIX e a maçonaria. Não existem dados suficientes que demonstrem o quanto desse clero nacional foi, de fato, iniciado na atividade maçônica.

Existiram padres *iniciados*, ainda que em minoria. A *iniciação* de sacerdotes na instituição maçônica, aliás, era uma prática proibida pela Igreja de Roma. A partir de 1738, com o pontificado de Clemente XII, a Santa Sé começou uma luta aberta contra os pedreiros-livres, lançando sucessivas condenações à maçonaria, tida como subversiva, inimiga do Estado e da Igreja.

Na primeira metade do século XIX, porém, a maçonaria ainda não havia se configurado em verdadeira ameaça aos interesses da Igreja no Brasil, o que levou o alto clero a fazer vistas grossas a tal desobediência de seus sacerdotes. Aliás, membros do alto clero também participaram da atividade maçônica, como os padres José Caetano da Silva Coutinho, bispo do Rio de Janeiro, e o seu sucessor nesse bispado, Manuel do Monte Rodrigues de Araújo. O próprio dom Romualdo Antônio de Seixas, arcebispo do Brasil e símbolo do conservadorismo católico na primeira metade do século XIX, embora fizesse referência à atividade maçônica como um ato herético, nunca condenou abertamente nenhum padre por engajar-se naquela instituição.

Tampouco os padres *iniciados* consideravam-se vivendo em pecado. Ao contrário, alguns percebiam na maçonaria um instrumento dos interesses divinos. Januário da Cunha Barbosa, por exemplo, o sacerdote que mais destaque assumiu dentro da instituição maçônica (um dos fundadores do GOB em 1822), assim falou a respeito da instituição: "Filha da ciência e mãe da caridade, fossem as sociedades como tu, ó Santa Maçonaria, e os povos viveriam eternamente numa idade de ouro, satanás não teria mais o que fazer na terra e Deus teria em cada homem um eleito."

Esta situação, porém, não permaneceria por muito tempo. A partir da segunda metade do século XIX, com o início do movimento conservador de reforma da Igreja Católica que buscava reaproximação com os valores ortodoxos, o número de padres maçons foi diminuindo gradativamente, a ponto de tornar-se aberração aos olhos da sociedade aquele que ousasse combinar a batina católica e o avental de pedreiro-livre.

Novos conflitos entre os *irmãos*

Até então, na calmaria duramente conquistada do Império, a corrente dita "apolítica" conquistara espaço e monopolizava o movimento maçônico no Brasil. Entretanto, as disputas internas se mostraram novamente em 1863, quando a maçonaria sofreu outro "racha". Alegando irregularidades nas eleições, realizadas naquele ano, em que se escolheriam os dirigentes do Grande Oriente do Brasil, um grupo de maçons, sob a liderança de Joaquim Saldanha Marinho, decidiu fundar uma nova obediência: o Grande Oriente do Vale dos Beneditinos ou, simplesmente, Grande Oriente dos

Beneditinos. Tal divisão duraria até 1883, com um pequeno intervalo em 1872.

Na rivalidade entre os dois Grandes Orientes expressava-se o conservadorismo católico monárquico através da liderança do grão-mestre visconde do Rio Branco, de um lado, e do grão-mestre Saldanha Marinho, de outro, como republicano, progressista e defensor de reformas na sociedade brasileira e do Estado laico, isto é, separado da Igreja.

O perfil dos políticos que compunham as duas obediências mostra que seus principais membros encontravam-se polarizados na arena política *profana*. No comando do Grande Oriente dos Beneditinos temos, além de Saldanha Marinho, outros signatários do manifesto republicano de 1870 e até abolicionistas. Essa corrente maçônica era composta por homens que defendiam uma maior modernização da sociedade brasileira, baseada nos preceitos de racionalização e liberdade de consciência. A outra obediência ficou conhecida como Grande Oriente do Lavradio, tendo, como grão-mestres, primeiro, o barão de Cairu e, em seguida, o visconde do Rio Branco. Ambos os líderes do Lavradio sustentavam que a maçonaria deveria apresentar-se como uma instituição apolítica, tendência que já existia desde a Independência, como foi visto.

Mais uma vez a Ordem dos Pedreiros-Livres não só influencia, mas também é influenciada pelos demais movimentos da sociedade, numa relação dinâmica. Diante de figuras políticas do Império como Rio Branco, Cairu e Saldanha Marinho, não basta explicar a autofagia maçônica apenas pelas desavenças relacionadas aos assuntos internos. Republicanismo e até abolicionismo vão estar no centro das discussões.

O momento máximo da crise maçônica correspondeu aos anos de 1872 e 1873, com a entrada de um novo elemento no conflito: a Igreja Católica. A Questão Religiosa, iniciada a partir de um contexto internacional de repressão às idéias e grupos tidos por "modernos" (dentre os quais a maçonaria era considerada o principal), trouxe à tona as tensões do regime do padroado, bem como dividiu a sociedade entre aqueles que defendiam um projeto liberal cientificista e os defensores de um conservadorismo católico.

O apogeu da Questão Religiosa ocorreu com as prisões, pelo governo imperial, dos bispos de Olinda, dom Vital Maria de Oliveira, e do Pará, dom Antônio Macedo da Costa, por desobedecerem e desafiarem a lei do Estado imperial brasileiro, ao qual a Igreja era vinculada. Os dois bispos haviam exigido que as irmandades religiosas expulsassem os maçons de seus quadros e, como algumas destas se recusassem a tal medida, foram interditadas pelos bispos. As irmandades recorreram ao governo imperial, que lhes deu ganho de causa. Praticando a desobediência civil e negando-se a reconhecer o poder temporal do governo, os bispos foram punidos. O presidente do Conselho dos Ministros, José da Silva Paranhos (visconde do Rio Branco), era ninguém menos que o grão-mestre do Grande Oriente do Brasil (Lavradio).

De seu lado, condenada pelo papa e perseguida aos borbotões pelo clero brasileiro, a maçonaria buscou fortalecer-se como instituição, abandonando por um momento as brigas internas e reaproximando as *potências* que passaram a formar, juntas, o Grande Oriente Unido e Supremo Conselho do Brasil. Embora houvesse a necessidade de defender-se da Igreja, o "inimigo comum" pesou menos do que as diferenças políticas entre os dois Orientes. Deste modo, já em 1872, diante da disputa entre Saldanha Marinho e o visconde do Rio Banco pelo cargo de grão-mestre, a frágil e rápida união maçônica desfez-se.

O "racha" da maçonaria central teve um efeito cascata e passou a envolver todos os quadros maçônicos provinciais e municipais, que se posicionaram ao lado de uma ou de outra *potência*. Além de angariar maior número das lojas já existentes para seu lado, as *potências* rivais iniciaram um processo de criação de novas lojas numa viva competição pela hegemonia maçônica. Foi um período de acelerada criação de lojas maçônicas em todo o país. Além de ampliar o desejo das *potências* rivais de possuírem mais lojas do que a outra, os conflitos com a Igreja geraram, na maçonaria, o movimento de fazer-se presente num maior número possível de regiões, a fim de contrapor-se ao discurso e às perseguições católicas.

Desse modo, 1872-3 marca o início da Questão Religiosa bem como, após frustrada tentativa de unificação, o retorno das divergências maçônicas.

Nessa briga pesada, as duas instituições, maçonaria e Igreja, mobilizaram como nunca não só os respectivos templos, mas imprensa, escolas, clubes literários e festas públicas, na tentativa de se sobrepor ao adversário. Assim, quanto mais lojas fossem fundadas, mais a maçonaria conseguiria defender-se e contra-atacar a Igreja, fazendo seus discursos penetrarem no corpo social e na vida cotidiana das mais longínquas regiões. Gerando nesta pressa militante, em muitos casos, adeptos pouco afeitos ou convictos aos sentidos da *iniciação*. A Igreja, por seu lado, intensificava o discurso de satanização dos maçons, reforçando animosidade e preconceitos que por longo tempo ainda se fizeram sentir.

Finalmente, não se pode esquecer que a luta maçônica contra o conservadorismo católico acabou por ganhar a simpatia dos segmentos liberais da sociedade, o que atraiu muitos desses homens para a *iniciação*. Enquanto isso, do lado católico conservador, importantes setores das camadas populares sensíveis à pregação clerical ultramontana passaram a compartilhar a repulsa à maçonaria.

Veja-se, por exemplo, as chamadas revoltas dos Quebra-Quilos que ocorreram em várias províncias do Brasil, sobretudo do Nordeste, nos anos 1870. Foram motins, manifestações e quebra-quebras que eclodiram, principalmente, em áreas rurais ou pequenas povoações, tendo como motivo imediato repudiar a implantação, obrigatória pelo governo central, do sistema decimal de pesos e medidas. Desarrumavam-se assim, com essas novas regras, os códigos de referências aos quais as populações pobres estavam habituadas há séculos e que regiam o seu cotidiano econômico de geração em geração. Pois vale a pena anotar que nestas revoltas Quebra-Quilos (duraram mais de uma década e ocorreram em muitas localidades espalhadas pelo país) o discurso antimaçônico era freqüente, quando estas populações pobres, assim rebeladas contra a modernização conservadora que tanto as atingia, acolhiam como bode expiatório a maçonaria, que era vista como personificação diabólica dos males da sociedade contemporânea. O mesmo ocorrera, aliás, com a Cabanada (Pernambuco e Alagoas) quatro décadas antes, quando setores pobres da sociedade, como índios, escravos e caboclos, ao se rebelarem expressavam um forte discurso antimaçônico.

O colorido mistério de um templo maçônico

Vamos agora dar uma vista de olhos no interior de uma loja maçônica no momento de começar uma de suas reuniões nos anos finais do século XIX. Se o ambiente dos templos católicos é amplamente conhecido pela população brasileira, o mesmo não se pode dizer dos templos maçônicos. Por isso, tais lugares de reunião sempre foram cercados de mistérios e lendas. É o que deixa claro este trecho do jornal católico *O Apóstolo*, de 1871: "Na loja oculta, os maçons arremessam a máscara, desprezam e repelem o simbolismo ao mesmo tempo ridículo e perverso das primeiras iniciações, vão direto ao fato: guerra a Deus, ao seu Cristo e à sua Igreja! Guerra aos reis e a todo poder humano que não este já conosco! Tal é a divisa, tal é o seu grito de reunião."

Tais investidas eram em geral acompanhadas de rumores sobre rituais satânicos, pactos malditos, bruxaria e adoração do bode que supostamente ocorriam nos templos maçônicos.

Mas quem adentrasse um templo dos pedreiros-livres seguidores do tradicional Rito Escocês Antigo e Aceito, adotado pelo Grande Oriente do Brasil, veria um quadro impressionante, quase encantatório pelas cores e símbolos ostentados.

Logo na entrada (chamada de Oriente) o visitante ali admitido se depararia com dois recepcionistas: o cobridor e o guarda do templo, que posicionam-se para acolher quem entra e proteger o segredo de quem está dentro. O cobridor, ao lado do pórtico, é o único que não tem insígnias.

Já o guarda do templo, mestre no grau 5, exibia fita verde no pescoço com a jóia (compasso aberto em 60°) pendente e avental com pequena aba verde tendo no meio uma pedra cúbica sobre a qual há um J.˙. cercado de sete círculos em iguais distâncias.

Ainda perto da entrada, olhando para a direita, o visitante veria a Coluna Jaquim, guardada pelo 2° experto, que por ser mestre em grau 10, vestia fita preta colocada da esquerda para a direita, enfeitada com nove rosetas escarlates (quatro na frente, quatro nas costas e a da ponta, segurando um pequeno punhal, que é a jóia). Além disso, a mesma fita preta trazia bordada, a fio de prata, 12 lágrimas e três caveiras. Sem esquecer o avental de cetim branco orlado e forrado de preto com os atributos do grau.

Olhando para a esquerda, o visitante encontraria a coluna Boaz, guardada pelo 1° experto, portando fita verde-mar própria do grau 15, cuja jóia é um sabre pequeno. Avental de cetim branco orlado e forrado de verde-mar também. Bem ao lado dessa coluna Boaz fica uma das colunas dos signos do zodíaco, guardada por dois membros: o 2° diácono e o 1° vigilante. O 2° diácono, grau 12, traz fita azul com orlas brancas, avental de cetim branco forrado e orlado de azul; a jóia é um quadrado, cujo um dos lados apresenta quatro meios-círculos cravados em frente de sete estrelas e no centro de um triângulo, tendo no meio as letras A.˙. e G.˙.; sobre outro lado do mesmo quadrado, os emblemas das cinco ordens da arquitetura, um nível em cima, embaixo um esquadro e no meio um outro quadrado e um compasso e no círculo deste as letras R.˙. e M.˙., debaixo das bases das colunas das letras C.˙., D.˙., T.˙., L.˙. e C.˙..

O outro membro, isto é, o 1º vigilante, possuindo o grau 31, vestia fita branca ao pescoço, na frente da qual está bordado um triângulo radiante com o algarismo 31 no meio, tendo suspensa a jóia, que é uma cruz teutônica de prata.

Diante dessa profusão inebriante de símbolos o visitante que não estivesse acostumado a tais códigos deixaria correr rapidamente a vista, alcançando assim: o amplo painel do grau no centro do recinto, os demais integrantes (também ornados, como o mestre-de-cerimônia, hospitaleiro, chanceler, porta-estandarte, porta-espada, entre outros) e colunas (inclusive as do zodíaco) nas partes laterais. Veria de relance: espadas, punhais, timbres, chaves, triângulos, esquadros, compassos, prumos, livros e, logo, teria sua atenção voltada para os dois altares principais, ao fundo do salão (chamado de Ocidente): o altar dos juramentos e o altar dos perfumes, com as respectivas bandeiras.

No centro e ao fundo dos altares, sob o dossel do trono, posicionava-se o venerável mestre da loja, portador do grau máximo (33), exibindo fita branca ornada de ouro e guarnecida de franja azul, a tiracolo, da esquerda para direita; a fita, pela frente, tem um delta radiante atravessado por uma espada e no centro o algarismo 33 em vermelho. Embaixo da fita, a tiracolo, uma roseta branca, vermelha e verde. A jóia (uma águia de duas cabeças com um punhal nas garras) vinha presa na corrente de ouro, pendente ao pescoço. Não há avental neste grau.

É de se imaginar o efeito que centenas de lojas como estas produziam nas pessoas que as freqüentavam no Brasil oitocentista, criando um ambiente com boa dose de magia e, sobretudo, bem diferenciado da realidade cotidiana. Além do mais, a decoração e os símbolos não eram baratos de se confeccionar e manter: exigiam dedicação e dinheiro.

É sugestivo destacar que as maçonarias não eram freqüentadas apenas por grandes personagens ou personalidades da cúpula política, embora abrigassem elites locais, ou aspirantes. Mais especificamente, o perfil dos maçons brasileiros no final do século XIX, como destacou o historiador Alex Moreira de Andrade, era basicamente de comerciantes e funcionários públicos, seguidos de profissionais liberais e de outros setores da atividade econômica. Note-se, segundo o mesmo pesquisador, que mesmo entre os membros do Supremo Conselho, órgão central da maçonaria, a maioria (60%) não tinha nível escolar superior. Predominavam também, além dos já citados, os militares, médicos e bacharéis. Havia poucos proprietários rurais, o que indica uma clientela mais urbana e formada por setores médios da sociedade, do ponto de vista socioeconômico, embora, não raro, parte expressiva das elites políticas dirigentes (locais ou nacionais) estivesse no espaço maçônico.

Ao mesmo tempo em que pregavam a virtude e apreciavam as boas condições sociais dentro daquela sociedade, os maçons e seus familiares poderiam estar sujeitos (e não apenas no auge da campanha da Questão Religiosa) a preconceitos da vizinhança que, pouco afeita a estas modernas formas de sociabilidade, poderia ver neles pessoas especiais, portadores de mistérios inconfessáveis, quem sabe satânicos bodes disfarçados em seres humanos.

A espada de Caxias

Nenhuma figura explica melhor a maçonaria brasileira da segunda metade do século XIX do que Luís Alves de Lima e Silva. Nascido numa família militar no período colonial, mas sem título de nobreza, ascendeu a barão, conde, marquês e finalmente duque de Caxias. Sua figura é exemplar entre os pedreiros-livres não tanto pelo orgulho reiterado por autores maçons de ter este "grande personagem" entre seus confrades ancestrais. Mas porque através deste indivíduo ocorreram lances decisivos da sociedade brasileira, atravessando, inclusive, o espaço maçônico, no qual Caxias teve presença marcante, utilizando-o em sua ascensão política e social.

Além das insígnias maçônicas, Caxias ostentava em sua farda comendas obtidas nos campos de batalha ou nos gabinetes ministeriais, como as Ordens do Cruzeiro, de São Bento de Avis e da Rosa. A espada deste chefe militar não era apenas simbólica, como a dos templos maçônicos, e serviu efetivamente em muitos combates, nos quais morreram milhares de pessoas, inclusive na Guerra do Paraguai.

Basta ver, por exemplo, o caso da longa Revolta Farroupilha (1835-1845), no Sul do Brasil, para se ter uma idéia da dimensão maçônica das lutas decisivas daquela época. Entre os líderes do movimento (que proclamou a República e separação do território do resto do Império do Brasil) estavam Bento Gonçalves, maçom e membro da loja gaúcha Filantropia e Liberdade; e Davi Canabarro, igualmente pedreiro-livre. Foram derrotados militarmente, ao final, pelas tropas imperiais comandadas por Caxias. Os historiadores maçons, ou mesmo os biógrafos militares, costumam destacar a tolerância de Caxias para com os que derrotava nos campos de batalha, sobretudo quando se tratavam de *irmãos*. Em geral propunha logo anistia e não pedia a pena de morte. Algo semelhante ocorrera quando o mesmo Luís Alves de Lima e Silva derrotara militarmente em 1842 as rebeliões liberais de Minas e São Paulo, lideradas, entre outros, pelo padre (e maçom) Diogo Feijó e por Nicolau Vergueiro (ex-grão-mestre do Grande Oriente do Passeio).

No entanto, além deste aspecto da tolerância, que combina com a doutrina da fraternidade maçônica, é importante ressaltar outro ponto. Não satisfeito em subjugar militarmente seus adversários políticos, Caxias se impunha também no espaço maçônico, derrotando-os mais uma vez. Tanto que, após a repressão a tais movimentos liberais e com forte presença maçônica em Minas Gerais, São Paulo e Rio Grande do Sul, por exemplo, Caxias passou a ter uma atuação maçônica decisiva, empalmando os mais altos cargos da Ordem dos Pedreiros-Livres.

No bojo de uma das crises do Grande Oriente do Passeio (quando seu grão-mestre, Cândido de Araújo Viana, o marquês de Sapucaí, abandona a entidade e se passa para o Grande Oriente do Brasil), em 1846, Caxias assume o comando da entidade e do Supremo Conselho, nomeado de Muito Poderoso Supremo Conselho do Rito Escocês Antigo e Aceito do Grande Oriente Brasileiro. Logo em seguida, Caxias transforma estas duas entidades num outro Grande Oriente, do qual se elege logo grão-mestre. Situação que dura até 1852 quando, na onda da conciliação política que se articulava, Caxias incorpora sua obediência ao Grande Oriente do Brasil, do qual é eleito grão-mestre honorário. Ou seja, Caxias nunca foi grão-mestre efetivo do GOB, pois seu posto era honorífico. Note-se que tal posição custou ao chefe militar sua expulsão da tradicional Irmandade da Santa Cruz dos Militares, situada no centro histórico do Rio de Janeiro, no auge da briga entre hierarquia da Igreja, irmandades e governo imperial, durante a Questão Religiosa. E, sugestivamente, caberia ao mesmo Caxias, presidente do Conselho de Ministros, anistiar os dois bispos rebeldes de Olinda e do Pará — exercendo sua marca de pacificador (e vencedor).

A figura de Caxias, que tanto orgulho parece despertar nos maçons, teve sua trajetória ligada às ações repressivas, não apenas contra maçons liberais ou republicanos, mas contra amplos setores da população brasileira que se rebelaram contra a ordem vigente. É verdade que com freqüência ele agia não estritamente do ponto de vista militar, mas também através de acordos e alianças políticas, buscando causar divisões entre os adversários que enfrentava e oferecendo anistia a quem derrotava. Conjugando a repressão mais violenta e os acordos mais habilidosos, Caxias atuou no enfrentamento dos liberais exaltados que tentaram tomar o poder no Rio de Janeiro em 1831, abafou a ferro e a fogo a revolta de escravos de Manoel Congo no interior fluminense em 1838, dizimou milhares de índios, escravos e caboclos na Balaiada do Maranhão e Piauí, na mesma época.

Foi com tal bagagem política que Luís Alves de Lima empalmou, com igual sucesso, o espaço maçônico. Ambas as atividades — *profanas* ou não — tinham um mesmo sentido: fortalecer a construção da nação brasileira, certo, mas num modelo centralizador, monárquico, escravista e socialmente hierarquizado.

Não apenas no caso de Caxias, pode-se dizer que outros Pais da Pátria durante o Segundo Reinado foram maçons, como Honório Hermeto Carneiro Leão (marquês do Paraná), principal articulador da política de Conciliação, ou Paulino Soares de Souza (visconde do Uruguai), artesão político e intelectual do predomínio senhorial sobre a política brasileira, traçando os rumos de uma modernização conservadora do Estado nacional. Sendo assim, não é possível afirmar que a maçonaria tivesse uma atuação exclusivamente revolucionária no Brasil do século XIX, pois muitos dos *irmãos* eram os mais notórios construtores da ordem social. A maçonaria fazia parte decisiva e destacada de um campo de disputas e afirmação envolvendo, ao mesmo tempo, os símbolos e o poder.

Nestes casos, mais do que afirmar que os maçons mandavam no país, pode-se dizer, ao contrário, que tais homens buscavam o espaço maçônico como instância decisiva de legitimidade do poder e consolidação de liderança política e de laços entre seus pares.

Abreu e Lima, o General das Massas

Embora menos valorizado na posteridade e visivelmente menos bem sucedido em vida do que o duque de Caxias, nem por isso deixa de ser interessante a figura de outro combativo militar e maçom daqueles tempos: o pernambucano José Ignácio de Abreu e Lima (Recife, 1794-1869). Até mesmo seu enterro gerou muita briga, no embalo da disputa então ascendente entre a Igreja Católica e a maçonaria.

Figura polêmica, oscilando entre o esquecimento histórico e a exaltação apaixonada, Abreu e Lima, conhecido como General das Massas (apelido pejorativo dado por Evaristo da Veiga), teve vida intensa: filho de um ex-padre e revolucionário de 1817 em Pernambuco, comandou tropas ao lado de Simón Bolívar, viajou pelas Américas, Europa e África.

Considerado um dos Libertadores da Venezuela e Colômbia, Abreu e Lima é apressadamente apontado como precursor do socialismo no Brasil, devido a publicação do seu livro *O socialismo*, em 1855. Note-se, porém, que suas idéias defendiam, curiosamente, a importância da família e o direito à propriedade, sem tocar na escravidão. Após ter participado de inúmeras tentativas de revolução armada, Abreu e Lima passou a ter uma visão providencialista: acreditava que o Supremo Arquiteto do Universo guiaria as transformações sociais de forma evolutiva e gradual, sem rupturas, alcançando assim sem traumas o caminho inevitável da perfeição e do progresso.

Porém, entre a flama de sua participação e as memórias e monumentos construídos posteriormente, estão ainda por se descobrir os meandros de uma personalidade complexa: um brigão erudito que atuava pela palavra e pela espada, oscilando entre conservadorismo e posições críticas. Entrou de ponta-cabeça na Era das Revoluções, além de ter escrito vários livros, artigos e ensaios que deram expressão letrada a uma trajetória de embates, glórias e amarguras.

De 1819 a 1831 Abreu e Lima integrou as tropas que lutaram pela Independência das Américas contra os espanhóis, participando de batalhas decisivas como as de Boyacá, Carabobo e Porto Cabelo, onde atuou como chefe do Estado-Maior das forças bolivarianas, conquistando assim o último reduto espanhol no Caribe. Estas guerras e outras viagens que empreendeu fizeram com que Abreu e

Lima concretizasse laços internacionais entre maçons, algo que poucos brasileiros conseguiram de forma efetiva naqueles tempos.

Ao mesmo tempo, Abreu e Lima tornara-se uma espécie de escriba oficial de Simón Bolívar, redigindo, a pedido deste, boletins militares, comunicados de campanha, jornais e até peças de propaganda política. Alguns destes textos foram reunidos no livro *Resumen histórico de la última dictadura del libertador Simón Bolívar, comprobada com documentos*, o primeiro publicado pelo pernambucano.

Com a morte do Libertador, a quem acompanhou até seus últimos momentos, Abreu e Lima, apesar de ter obtido o grau de general-de-brigada, caiu em desgraça diante dos novos donos do poder, em geral inimigos de Bolívar. Embora tenha convivido nos campos de batalha, com igual destaque, com Pais da Pátria, Libertadores ou primeiros presidentes da Venezuela e Colômbia, como José Antônio Paez, Francisco de Paula Santander, Antônio de Sucre e Carlos Soublette, o militar pernambucano encontrava-se mais uma vez sem pátria.

Entretanto, os ventos da história sopravam em sua vida por caminhos inesperados: d. Pedro I fora levado a abdicar do Brasil em 1831 e exilara-se na Europa, onde Abreu e Lima, em viagem, acabou encontrando-se com ele. Tramava-se, naquele momento, uma tentativa de volta forçada de d. Pedro ao trono brasileiro — que acabaria malograda, mas que teria em Abreu e Lima um de seus conspiradores. Onde parece haver incoerência, na verdade havia convergência: tanto Bolívar quanto d. Pedro I tinham em comum a concepção imperial e unitária de governo, expressa na perspectiva de união pan-americana ou brasileira, isto é, de unir sob um mesmo centro político povos e antigas capitanias ou reinos numa única nação moderna de dimensões continentais.

O militar pernambucano dedica-se sobretudo a escrever a partir daí: sua família possuía uma livraria e tipografia que produzia e vendia jornais, livros e manifestos. Destacam-se seu pioneiro *Com-*

pêndio de história do Brasil de 1843 que teve várias edições, além de outros textos históricos ou de teoria política, inovadores e que causaram debates acalorados. Em 1848, Abreu e Lima foi preso na repressão à Revolta Praieira, mas acabou solto em pouco tempo, faltando provas de que se envolvera efetivamente ou mesmo pregara a favor do movimento, no qual morreu, aliás, seu irmão Luís.

Posteriormente, entrou para o panteão dos que escreviam a nova história nacional, o Instituto Histórico e Geográfico Brasileiro, mas sofreu ali ataques pessoais muito duros e também contra sua obra, que o estigmatizaram no meio intelectual do Rio de Janeiro, com reflexos ainda hoje. O escritor pernambucano destoava da historiografia oficial e centrada na Corte que então se escrevia.

Pouco antes de falecer, o maçom Abreu e Lima envolveu-se numa polêmica com o clero mais conservador ao defender a liberdade de culto, o que fez com que o bispo de Pernambuco proibisse seu sepultamento em cemitério cristão. Antecipava-se já a Questão Religiosa que eclodiria três anos depois. Após fortes debates e protestos em torno de seu corpo insepulto por vários dias, com artigos de jornais veementes e pronunciamentos ousados das tribunas, Abreu e Lima foi enterrado no Cemitério dos Ingleses da cidade, numa cerimônia a que compareceram vários *irmãos*, e com a lápide: "Propugnador esforçado da liberdade de consciência."

Retomando a frase final do famoso filme de Glauber Rocha, podemos conceber, através dessas lutas ainda mal dimensionadas na história do Brasil entre Igreja e maçonaria, que a terra do sol deveria pertencer aos homens, nem a Deus, nem ao Diabo.

Maçons contra a escravidão

O ambiente estava tenso, carregado de esperanças e ansiedades. Os homens foram entrando um a um no salão onde, no meio, havia uma grande mesa com vinte cadeiras vazias, à espera deles. O local estaria totalmente às escuras, não fossem duas velas acesas e colocadas em cada extremo sobre o pano preto que cobria a mesa. Havia um homem que guiava os presentes até a sala e depois de todos sentados, os olhares convergiram para ele, que ocupava o centro da cabeceira. Sem mais delongas, João Cordeiro, o líder abolicionista cearense, levanta-se naquela noite de novembro de 1880 e, arrancando de seu colete um punhal, crava-o com força na mesa. A lâmina da arma fincada ficou balançando, refletindo as luzes das velas, tornando ainda mais terrível o silêncio do recinto. Seu gesto foi seguido do seguinte discurso:

> *Meus amigos, exijo de cada um de vós um juramento sobre este punhal, para matar e morrer, se for preciso, em bem da abolição dos escravos! Vamos travar luta terrível com o governo, e por isso está muito em tempo de se retirar aquele que for amigo do mesmo governo, ou dele for dependente. Quem não tiver coragem para tanto pode sair que ainda sai a tempo.*

Onze retiraram-se. Mas era dada ali a partida de um movimento que, contando com a participação de outros e amplos setores da sociedade, seria vitorioso pouco mais de três anos depois, em 1884, com a abolição da escravidão na província do Ceará, que ocorreu quatro anos antes da Lei Áurea.

O gesto fundador do maçom João Cordeiro não se deu numa loja maçônica, embora ele pertencesse à Perseverança e Porvir, regularmente funcionando em Fortaleza. Os pedreiros-livres não conseguiram impor, no espaço maçônico, a proposta abolicionista, que não era consensual entre os *irmãos*. Por isso, resolveram criar a Sociedade Cearense Libertadora que, embora marcada pela mística maçônica de juramentos e punhal, era entidade mais ampla e aberta.

A campanha pela abolição no Ceará contou com a participação decisiva das mulheres e de representantes das camadas mais pobres, sobretudo os pescadores e jangadeiros. Estes, em geral escravos libertos ou seus descendentes próximos, lideraram durante três anos um bloqueio do porto da capital cearense, impedindo o desembarque de cativos e ajudando, assim, a destruir na prática o sistema escravista no local. As lojas maçônicas cearenses promoviam atividades para arrecadar verbas para a compra da alforria de cativos e algumas estimulavam e promoviam a fuga destes de seus senhores. A abolição na província foi formalmente proclamada em 25 de março de 1884 e teve repercussão nacional e internacional, inclusive através do líder dos jangadeiros, Francisco José do Nascimento, apelidado de Dragão do Mar. O Ceará passou a ser conhecido como Terra da Luz e o maçom José do Patrocínio foi um dos mais intensos propagandistas dessa imagem.

Como bem salientou o historiador Frederico Guilherme Costa, a posição predominante na maçonaria brasileira não foi abolicionista e, sim, emancipacionista. Ou seja, uma extinção gradual, lenta e preparada da escravidão, através dos meios legais, como indenização aos proprietários e compra da liberdade dos escravos. Neste sentido, os pedreiros-livres atuavam em relativa sintonia com setores do poder imperial que, desde os anos 1850, defendiam e praticavam medidas gradativas que levassem ao fim do cativeiro, ou que impedissem seu fim imediato, na medida em que este ganhava sobrevida com as medidas graduais.

É certo que havia maçons abertamente abolicionistas. Entre estes, dois filhos de escravas e nascidos eles próprios cativos, como os jornalistas e escritores José do Patrocínio e Luís Gama. Patrocínio tornara conhecido seu lema, de que toda escravidão era um roubo e todo proprietário de escravos um ladrão. Ou ainda nomes como Joaquim Nabuco e os combativos abolicionistas cearenses, amazonenses e gaúchos, por exemplo. Mas a maçonaria, como um todo, espelhava a complexidade daquela sociedade: havia abolicionistas, emancipacionistas e até os que defendiam abertamente a manutenção do cativeiro. A própria divisão entre os Grandes Orientes mostrava as diferentes concepções de sociedade.

A prática emancipacionista das lojas maçônicas pode ser comprovada através das inúmeras compras de escravos para libertá-los, promovidas por essas agremiações em todo o país. Havia, ainda, lojas maçônicas que proibiam seus integrantes de possuírem escravos — numa coerência com a idéia de que tal espaço de associação deveria se constituir como embrião de uma nova sociedade.

Ficou famosa nos anais maçônicos a proposta de abolição do trabalho escravo apresentada pela Loja América, de São Paulo, ao Grande Oriente Brasileiro (Beneditinos), presidido por Saldanha Marinho, em 1870. Ou seja, 18 anos antes da Lei Áurea. O autor da proposta foi o maçom Rui Barbosa.

E não se pode esquecer a atuação de maçons na esfera governamental: o cargo de grão-mestre do Grande Oriente do Brasil era ocupado pelo presidente do Conselho de Ministros do Império quando da lei de 1871 que tornava livres os filhos de escravos (visconde do Rio Branco) e também por ocasião da Lei Áurea em 13 de maio de 1888 (João Alfredo Correa de Oliveira, eleito grão-mestre do GOB no lugar do visconde do Rio Branco desde 1881).

Deste modo, apesar de haver maçons e lojas contrários ou indiferentes à abolição do cativeiro, pode-se dizer que a maçonaria brasileira foi um dos espaços de atuação que levou ao fim deste regime de trabalho no Brasil.

Os republicanos em ação

Se no tocante à escravidão é possível traçar um quadro nítido das posições da maçonaria, o movimento republicano deixa claro também contrastes marcantes na Ordem dos Pedreiros-Livres no Brasil. Por um lado, as maçonarias estavam profundamente enraizadas na tradição imperial e monárquica brasileira e, de outro lado, notórios republicanos foram maçons, como Quintino Bocaiúva, Saldanha Marinho, Rui Barbosa e o próprio Deodoro da Fonseca, a quem caberia o gesto simbólico de enterrar a monarquia.

As maçonarias se acomodavam ao cotidiano da sociedade existente e muitos maçons estavam integrados à forma de governo monárquica, porém, outros *obreiros* e suas lojas se transformaram em autênticos propagandistas republicanos. A própria divisão entre os Grandes Orientes na segunda metade do século XIX já mostrava a separação dos *irmãos* quanto à forma de governo.

Exemplo típico destas tendências que se entrechocavam foi analisado pelo historiador Frederico Guilherme Costa a partir da proposta lançada por duas lojas de Campinas (SP), Independência e Regeneração III, que em 20 de junho de 1888 (portanto, pouco mais de um mês após a Lei Áurea), enviaram carta a todas as lojas filiadas ao Grande Oriente do Brasil propondo que a maçonaria deveria "conspirar resolutamente contra o 3º Reinado". Entre as justificativas para tal medida, estava a seguinte avaliação da princesa Isabel: "A Senhora Princesa Regente, futura Imperatriz do Brasil, é notoriamente católica, fanática, e seu espírito, fraco, todos sabem que é dirigido pelos padres romanos."

As respostas foram variadas. A loja Acácia Riograndense (RS) condenou enfaticamente a idéia de conspiração, contra a qual expressava um "sentimento de formal reprovação". De outro ponto do território, a loja Caridade e Segredo (BA) fez defesa exaltada da princesa Isabel que governava "com justiça e probidade" na ausência de d. Pedro II. E, finalmente, o Grande Oriente do Brasil respondeu às duas lojas paulistas, criticando-as por desobedecerem o princípio maçônico que proíbe a discussão política no interior dos templos...

Neste mesmo período, foi intenso o esforço desenvolvido pelas maçonarias no Brasil em favor da educação e da universalização do ensino, mantendo, inclusive, escolas espalhadas pelo território — como forma de propagar as *luzes* e alcançar o progresso.

Por falar em ordem e progresso, conhecidos lemas que integram a divisa da bandeira nacional brasileira, vale assinalar que não havia uma filiação direta entre positivismo e maçonaria. Colocava-se, certo, uma ampla área comum: muitos maçons eram positivistas. Mas a maçonaria não era propriamente positivista. As maçonarias, em sua diversidade, sempre se apropriaram e se moldaram pelas idéias de cada época. O apego à idéia de evolução, de aperfeiçoamento social e pessoal, enfim, do progresso, já existia no Iluminismo do século XVIII e foi daí que a maçonaria os incorporou — mantendo e atualizando tal perspectiva com a chegada do positivismo.

As obras escritas pelo grão-mestre Saldanha Marinho em defesa da República e de crítica à monarquia são expressão intelectual representativa do movimento republicano que, ao lado de setores maçônicos, foi composto pelo Partido Republicano, por associações não maçônicas e por variada imprensa defendendo abertamente as mesmas causas. É inegável que os maçons e uma parte da maçonaria estiveram envolvidos na queda da monarquia brasileira. Superada a condição monárquica, novos desafios se colocariam para os pedreiros-livres.

Bibliografia

Eliane Lúcia Colussi. *A maçonaria brasileira no século XIX*. São Paulo: Saraiva, 2002.

Eliane Lúcia Colussi. *Plantando ramos de acácia: a maçonaria gaúcha na segunda metade do século XIX*, doutorado em História. Porto Alegre: PUCRS, 1998.

José Castellani. *História do Grande Oriente do Brasil. A maçonaria na história do Brasil.* Publicação do Grande Oriente do Brasil, nº 001, Poder Central, Brasília, 1993.

Isa Ch'An. *Achegas para a história da maçonaria no Brasil.* São Paulo: Ethenion de 5969 (1969).

Há importantes documentos nas diversas seções da Fundação Biblioteca Nacional (RJ), inclusive os Boletins do Grande Oriente do Brasil, bem como as polêmicas na imprensa da época.

Frederico Guilherme Costa. *A maçonaria e a emancipação do escravo.* Londrina: Editora Maçônica A Trolha, 1999.

Edmar Morel. *O vendaval da liberdade. A luta do povo pela abolição.* 3ª ed. São Paulo: Global, 1988. Traz importantes pesquisas sobre a abolição da escravidão no Ceará.

Françoise Jean de Oliveira Souza. *Vozes maçônicas na província mineira (1869-1889)*, dissertação de mestrado em História. Belo Horizonte: UFMG, 2004.

Marcelo dos Reis Tavares. *Entre a cruz e o esquadro: o debate entre a Igreja Católica e a maçonaria na imprensa francana (1882-1901)*, dissertação de mestrado em História, Universidade Estadual Paulista (Franca), 2006.

Berenice Abreu de Castro Neves, *Intrépidos romeiros do progresso: maçons cearenses no Império*, dissertação de mestrado. Fortaleza: Universidade Federal do Ceará, 1998.

Alex Moreira Andrade. *Maçonaria no Brasil (1863-1901): poder, cultura e idéias*, dissertação de mestrado, 2 vols. Rio de Janeiro: IFCS/UFRJ, 2004. Traz vasta documentação e importantes análises sobre pertencimento e organização maçônica no período.

Alexandre Mansur Barata. *Luzes e sombras: a ação da maçonaria brasileira (1870-1910)*. Campinas: Editora da Unicamp — Centro de Memória da Unicamp, 1999. Trabalho pioneiro na historiografia acadêmica brasileira, redigido como dissertação de mestrado em 1992.

VI. Na República, guardiã da ordem

Na República brasileira a maçonaria tornou-se guardiã da ordem e do progresso. Se o movimento que instaurou a República brasileira, em 1889, não contou com a mobilização oficial do Grande Oriente do Brasil recebeu, contudo, a importante participação de numerosos maçons — civis e militares — e de lojas maçônicas espalhadas pelo Império, muitas das quais se transformaram em verdadeiros clubes republicanos. De modo que, passado o 15 de novembro, a maçonaria, até então dividida no tocante à forma de governo a ser adotada, parece não ter tido mais pudor em tomar para si o papel de baluarte do republicanismo, vangloriando-se, sempre que possível, do fato de "a grande evolução social por que acabara de passar a nossa cara pátria" ter sido nada mais do que uma "grande feitura que cabe à nossa Sublime Instituição".

Virada a página monárquica da história brasileira, a Ordem dos Pedreiros-Livres parecia acreditar que a tão sonhada marcha rumo ao progresso decidira acelerar de vez seus passos em nosso país. Esse otimismo explica-se, em grande parte, pelo fato de que o modelo republicano concretizou um dos mais importantes projetos a que significativa parcela dos maçons brasileiros dedicou-se ao longo do século XIX, qual seja, a implantação do Estado laico.

Cedo, porém, esse otimismo foi arrefecido. Diante das transformações do mundo *profano*, a maçonaria deparou-se com uma série de novas formas de pensamento (comunismo, fascismo, anarquismo) e novos atores políticos (classe operária, integralistas, tenentistas, Estados autoritários etc.) que, se lhe renderam novas batalhas e aliados, brindaram-na também com novos inimigos, que se mostraram tão ou mais ameaçadores que seu antigo oponente, o catolicismo conservador. Este, por sua vez, manteve-se ativo em sua luta pela desmoralização da maçonaria brasileira. Persistia também um outro antigo problema: a heterogeneidade da ordem e sua tendência autofágica que se manifestaria ao longo de todo o século XX. A soma de todos esses fatores fez com que a sociabilidade fornecida pela ordem, sua inserção na política *profana*, seus posicionamentos frente às questões gerais e até mesmo sua organização ganhassem novos contornos.

A ajuda mútua

Com o golpe que inaugurou a República, o marechal Deodoro da Fonseca assumiu o poder como chefe do governo provisório e organizou um ministério constituído só por maçons: Quintino Bocaiúva (ministro dos Transportes); Aristides Lobo (ministro do Interior), Benjamim Constant (ministro da Guerra), Rui Barbosa (ministro da Fazenda), Campos Sales (ministro da Justiça), Eduardo Wandenkolk (ministro da Marinha) e Demétrio Ribeiro (ministro da Agricultura). Obviamente, os membros desse primeiro ministério republicano não foram escolhidos por pertencerem à maçonaria, mas, sim, em função de serem eles, com exceção de Rui Barbosa, republicanos históricos. Isto, contudo, não diminui o fato de a presença de tantos maçons nos principais quadros do governo brasileiro refletir bem o prestígio e poder político da ordem.

Prestígio e poder, aliás, que foram constantes ao longo de toda a primeira República. Dos 12 presidentes do Brasil, oito pertenceram à maçonaria: Deodoro da Fonseca, Prudente de Morais, Campos Salles, Rodrigues Alves, Nilo Peçanha, Hermes da Fonseca, Wenceslau Braz e Washington Luiz (a identidade maçônica de Floriano Peixoto é controversa entre os maçons). Desses presidentes maçons, Deodoro da Fonseca e Nilo Peçanha chegaram ao cargo de grão-mestre geral da ordem, situação de coincidência entre poder *profano* e maçônico que nunca mais se repetiria na história brasileira.

A presença maçônica deu-se também nos cargos executivos estaduais. O melhor exemplo é o de São Paulo onde dos 17 governadores, 13 foram maçons. Do mesmo modo, o número de membros da maçonaria no poder legislativo, das esferas municipais às federais, mostrou-se relativamente grande durante todo o período.

Os membros da ordem maçônica aproveitaram-se do prestígio político de seus *irmãos* na busca de favores para a instituição ou para si próprios. Como exemplo temos uma carta da maçonaria do Acre direcionada ao grão-mestre do GOB e então ministro das Relações Exteriores, Nilo Peçanha (que ano seguinte, em 1909, se elegeria presidente da República). Insatisfeitos com um projeto que se encontrava no Senado, referente à unificação da administração do estado do Acre, os maçons argumentavam, conforme publicado no Boletim do GOB, de 1918, que não era demais que eles "venham valer-se do alto prestígio político de seu eminente chefe para conseguir alguma coisa em benefício desta abandonada região".

Situações como esta nos levam a imaginar que, nas primeiras décadas seguintes ao fim da monarquia, experimentou-se no Brasil uma verdadeira "república maçônica" — que, contudo, não se deu efetivamente, embora pudesse ter existido, não fosse a heterogeneidade da instituição e sua incapacidade de agir de modo coeso.

Assim como no período monárquico, as maçonarias da era republicana possuíram poucos projetos políticos que fossem unanimemente defendidos por seus quadros. Prova disto é o fato de que foi possível encontrar importantes maçons no interior dos diferentes grupos políticos que disputaram o poder na Primeira República. Até mesmo nos casos em que as disputas evoluíram para lutas armadas verificaram-se maçons combatendo em lados opostos. Exemplo clássico encontra-se na Revolução Federalista (1893-1895), no Rio Grande do Sul. Contando com a participação ativa de maçons e lojas maçônicas nos dois lados da querela, a revolução, em grande parte, colaborou para a criação do Grande Oriente do Rio Grande do Sul, que se pôs sob a influência de Júlio de Castilhos e tornou-se independente do GOB, este último, aliado de Silveira Martins. Percebe-se, assim, que as maçonarias não conseguiram, em nível estadual ou federal, compor uma coesa "bancada maçônica" no interior dos quadros políticos brasileiros.

É fundamental também relativizar o significado da identidade maçônica dos figurões da Primeira República para evitar o erro de acreditar que a maçonaria tornou-se senhora absoluta dos destinos nacionais. Isto porque é praticamente impossível detectar com exatidão o grau de influência dessa identidade na atuação política de tais homens. Não que ela não fosse significativa, apenas não saberíamos como reconhecer em que momento esses políticos agiam como maçons, refletindo no mundo *profano* os compromissos assumidos dentro das lojas ou, simplesmente, quando representavam seus próprios interesses e de seus aliados políticos.

Vale lembrar que a política não corresponde a um fenômeno restrito ao Estado, mas, ao contrário, mostra-se presente nas relações desenvolvidas nas várias instâncias sociais. Desse modo, o grau de influência da maçonaria não se mede apenas pelo número de membros que ela possuía nas instâncias oficiais de poder, muito embora este número, inquestionavelmente, pudesse lhe conferir prestígio. O poder da Ordem dos Pedreiros-Livres encontrava-se, principalmente, em sua capacidade de inserção e influência na sociedade *profana* à qual ela oferecia novas e alternativas formas de fazer política.

Neste sentido, é preciso ter em conta o fato de que, no raiar do século XX, a maçonaria apresentava-se como uma das instituições mais bem organizadas e estruturadas do país, ao contrário, por exemplo, da Igreja e do Exército que iniciavam seus processos de institucionalização. A expansão quantitativa e espacial da atividade maçônica pelo território brasileiro em fins do século XIX e início do XX significou o que o historiador Alexandre Barata chamou de nacionalização da maçonaria no Brasil, que se fazia presente em praticamente todos os estados nacionais. Junto com este fenômeno, ocorre, a partir de 1893, a federalização da maçonaria, com a progressiva criação dos Grandes Orientes estaduais, que garantiram uma maior proximidade da ordem com as questões locais, e conseqüentemente, com o poderio regional.

Foi, acima de tudo, a existência de uma extensa malha de lojas espalhadas pelos mais diversos núcleos populacionais do Brasil e, conseqüentemente, a rede de relações e trocas possibilitada por esta malha, o que fundamentou o poder político da maçonaria, permitindo a esta atuar como uma grande engrenagem que, acionada, articulava peças localizadas, da capital federal até os rincões mais distantes da República.

A história da maçonaria sul-rio-grandense no início da república, analisada pelo historiador Luiz Eugênio Véscio, mostra bem de que maneira a Ordem dos Pedreiros-Livres adquiriu influência política. O PRR (Partido Republicano Rio-grandense), de modo a garantir sua sustentabilidade no poder, realizou um pacto com o recém-formado Grande Oriente do Rio Grande do Sul (GORGS). Por um lado, as lojas maçônicas, substituindo os antigos coronéis do Império, forneciam aos sucessivos governos do PRR sustentação na esfera local. Em contrapartida, o PRR abriu as portas da administração pública e do judiciário para os pedreiros-livres. O GORGS tornou-se o canal entre os maçons e os órgãos do Estado, atuando como fiador do posicionamento político dos seus membros, facilitando a entrada destes na administração pública, obtendo favores dentro do exército e até interferindo em decisões judiciais. O tráfico de influências do GORGS ultrapassou as fronteiras do Estado e garantiu posições a seus membros por meio de favores obtidos junto ao governo federal. Assim como ocorria na esfera estadual, a malha composta pelas lojas gaúchas e suas redes de relações foi também instrumentalizada pelo poder federal de modo a obter influência política em níveis locais. Neste caso, é impossível não perceber neste arranjo semelhanças com a Política dos Governadores, estabelecida por Campos Sales (1896-1902), na qual o governo central sustentava os grupos dominantes nos estados enquanto estes, em troca, apoiavam a política do presidente da República.

Esse sistema de ajuda mútua não foi privilégio da maçonaria sul-rio-grandense, mas, ao contrário, fez-se presente em todo o território da federação. De modo que, nos anos da República Velha, ser maçom foi certeiramente sinônimo de favoritismo frente ao Estado, uma vez que os Filhos da Viúva puderam servir-se de um canal privilegiado para o atendimento de demandas individuais ou coletivas.

Não se pode esquecer de registrar também a existência de um sistema de ajuda mútua interno à maçonaria, isto é, que não passava pelas benesses do poder público. Na esteira das associações mutualistas existentes no Brasil desde o século XIX e que tinham por objetivo principal disponibilizar aos associados proteção na ausência dos mecanismos formais de previdência pública, o GOB criou, em 1912, a Beneficência Maçônica. Dividida em duas seções, Montepio e Assistência, ela tinha como propósito conceder aos familiares de um sócio falecido uma pensão mensal, além de um montante pago em parcela única a título de colaboração com os beneficiários por ele indicados.

A Beneficência Maçônica associada ao modelo de ajuda mútua estabelecido entre a instituição e o Estado foram, sem sombra de dúvidas, poderosos instrumentos de arregimentação de novos membros para a ordem, o que, para Alexandre Barata, acabou por causar distorções no verdadeiro papel da instituição.

O GOB e as duas guerras mundiais

Já no início da Grande Guerra, em 1914, o GOB lançou-se a uma campanha pela manutenção da neutralidade das nações não envolvidas no conflito, por meio de um manifesto intitulado "Um Apelo Pro-Pace", direcionado a todas as potências maçônicas do globo. Com o desenrolar da guerra, a maçonaria brasileira, na linha da colaboração internacional entre o mundo maçônico, começou a enviar ajuda financeira à maçonaria francesa, destinada ao socorro das vítimas do conflito. Em 1915, o governo francês mandava agradecer ao GOB o recebimento da quantia de dez contos de réis, enviada para aquele país. No Brasil, porém, a hostilidade ao mundo germânico foi mais forte na maçonaria do que os laços de fraternidade que uniriam os seus membros. Após a declaração do estado de guerra entre Brasil e Alemanha, o grão-mestre do GOB decretou, em novembro de 1917, a "inconveniência" da presença de irmãos nascidos no Império da Alemanha nas reuniões maçônicas, enquanto durasse o estado de guerra. Essa mesma medida seria reeditada, em 1942, por ocasião da Segunda Grande Guerra.

Velhas e novas bandeiras

Uma outra forma de inserção maçônica no mundo *profano* e, conseqüentemente, de obtenção de influência política deu-se por via da educação. Apesar das inúmeras divergências estabelecidas no interior da maçonaria, pode-se afirmar que a causa da educação foi, desde a segunda metade do século XIX, uma bandeira de luta unanimemente levantada pelos obreiros do Brasil.

A elevação do nível educacional da população brasileira apresentava-se aos pedreiros-livres como um trabalho de continuidade do processo evolutivo instaurado com a República. Daí que ela se transformou no seu mais importante projeto político durante a Primeira República.

Se durante o Império o cerne da questão educacional estava na necessidade da quebra do domínio católico no pensamento, com a República, em cuja Constituição previa-se a educação laica nas escolas públicas, o seu foco voltou-se para a universalização do ensino primário e a garantia de um modelo de escola capaz de compensar os séculos de "educação jesuítica".

A ameaça da "educação jesuítica", porém, não estava de todo afastada e os *obreiros* mantiveram-se em guarda. Muito rebuliço causou, por exemplo, a infrutífera campanha movida pela maçonaria brasileira contra o presidente do estado de Minas Gerias, Antônio Carlos Ribeiro de Andrada (1926-1930), quando este permitiu o ensino católico nas escolas públicas mineiras. Convém assinalar que este governante era descendente dos Andradas fundadores das maçonarias no início do XIX — curiosos descaminhos históricos e familiares. Este ato do governo mineiro foi considerado um desrespeito à Constituição e uma prova de que o fanatismo religioso ainda intimidava a liberdade de consciência dos brasileiros.

Além do ensino leigo, a maçonaria entendia que a formação mais diversificada, pragmática e com um maior alcance populacional era o pressuposto para o progresso da nação. Ela também pregava a necessidade de incentivar o ensino industrial e agrícola, formador de mão-de-obra especializada. Aumentando o contraponto com o ensino oferecido pela Igreja, a maçonaria buscou discutir a educação à luz das modernas teorias psicológicas e filosóficas, o que desagradou aos mais conservadores. Também, para escândalo das famílias tradicionais, muitas escolas maçônicas ofereciam o ensino misto, isto é, para ambos os sexos. Pode-se dizer que a educação brasileira, com seus diferentes modelos e pressupostos, refletiu bem a disputa estabelecida entre o pensamento liberal cientificista da maçonaria e a doutrina católico-conservadora da Igreja.

Foi tentando colaborar com a universalização do ensino que, em 1913, o GOB estabeleceu a obrigatoriedade do ensino primário para todos os filhos dos maçons, redigido nos seguintes termos:

> *O ensino primário da língua nacional é obrigatório para todos os filhos de maçons entre sete e doze anos. [...] Em todos os orientes onde não houver escolas gratuitas mantidas pelo governo do país, ou por associação leiga de qualquer natureza, as lojas e os maçons aí residentes são obrigados a suprir essa falta e a essa missão. [...] As escolas assim criadas serão públicas.*

Suprir as falhas do ensino público brasileiro consistiu, sem dúvidas, em uma missão nobre, porém, hercúlea para a maçonaria brasileira. Esta, por sua vez, tentou de todas as maneiras atingir os objetivos propostos. De tal modo que houve no período republicano, uma expansão significativa do número de escolas ligadas diretamente às lojas maçônicas. Em 1922 foram contabilizadas 132 escolas maçônicas atendendo a um número de 7.030 alunos por todo o Brasil. No mesmo ano foi levantada a existência de 22 bibliotecas maçônicas no Brasil, com um total de sete mil volumes. Interessante notar que o segundo estado onde se concentrou o maior número de escolas foi o Acre (o primeiro foi São Paulo), o que pode indicar um verdadeiro cuidado em implantar escolas onde o poder público, de fato, mostrava-se ausente.

As escolas de caráter popular, em grande parte noturnas e com ensino técnico, fundadas pelas maçonarias, foram um instrumento utilizado pelos maçons para a divulgação de suas idéias e a "formação de mentes". Além de combater os discursos conservadores e antimaçônicos divulgados pela Igreja Católica, a educação tornou-se um meio maçônico de cooptação das classes mais populares. Aproveitando-se do fato de a Igreja ter se voltado para a educação dos filhos da elite, a maçonaria procurou estreitar os laços entre a sua instituição e as camadas menos favorecidas da sociedade.

A aproximação da maçonaria com os setores populares possui uma dupla explicação. A partir de meados do século XX, observa-se que a composição dos membros da ordem começou a ser alterada com o ingresso crescente de elementos provenientes da classe média, o que explica o maior interesse e identificação de setores da maçonaria com os problemas da classe popular. Além disso, o crescimento das cidades, a diversificação da economia e o conseqüente crescimento da classe de trabalhadores urbanos, com suas demandas por melhores salários e condições de trabalho fizeram com que a chamada "questão social" ganhasse lugar de destaque nas discussões maçônicas.

Seja por acreditarem na causa dos trabalhadores, seja por temerem que estes, insatisfeitos, provocassem indesejáveis agitações, a comunidade maçônica mostrou-se preocupada em alertar a sociedade brasileira para o grande problema que se vislumbrava caso não se regulamentassem as relações entre o capital e o trabalho. Dessa maneira, conclama, constantemente, o mundo maçônico por meio de seu boletim oficial, a pensar nas soluções possíveis: "Curai dos interesses do proletariado [...] ficai alerta para evitar-se que a miséria que invade o proletariado europeu venha estender o seu negro manto sob os operários de nosso país."

Em 1892, por exemplo, Antônio Joaquim de Macedo Soares, ministro do Supremo Tribunal Federal e então grão-mestre geral do GOB, defendeu abertamente o direito de greve dos trabalhadores e criticou o artigo 205 do Código Penal então vigente que proibia "seduzir ou aliciar trabalhadores para deixarem os estabelecimentos em que forem empregados sob promessa de recompensa". Contra a exploração do trabalho, o chefe maior da maçonaria brasileira dizia acreditar "no dia da vitória da causa socialista", segundo publicado no Boletim do GOB, número 12, de 1892.

Corroborando o então caráter vanguardista da instituição maçônica no que se refere ao acesso, aceitação e divulgação de novos ideários e formas de pensamento, segmentos maçônicos, ao se depararem com a questão operária brasileira, ainda no século XIX, terminaram flertando com as idéias socialistas que acabavam de ser elaboradas na Europa. Para os pedreiros-livres, a causa do socialismo parecia coincidir com os nobres propósitos da ordem a qual pertenciam: "Se o socialismo é um conjunto, cada vez maior e mais sistemático de idéias, de sentimentos e vontade, tendendo a assegurar a todos os homens a possibilidade de trabalhar e satisfazer as suas mais racionais necessidades [...] devemos concluir que a maçonaria e o socialismo têm numerosos pontos de contato." A maçonaria entendia que o socialismo teria sido o responsável por inúmeros avanços sociais já obtidos fora do nosso país, tais como a instituição de sindicatos e de cooperativas, a conquista do direito à greve, a regulamentação das horas de trabalho, a liberdade profissional etc. Daí que os maçons brasileiros deveriam "cooperar com o socialismo para o triunfo definitivo de seus bons e sagrados ideais", escreve o Boletim do GOB, número 5, 1917.

Não era, contudo, a revolução do proletário o que os obreiros ansiavam para o Brasil quando falavam em socialismo. Questões como partido político e tomada do poder não eram tratadas. Até porque, o respeito à ordem e ao regime estabelecido foi uma legenda que ganhou progressivamente espaço no seio da maçonaria. O socialismo que pregavam era aquele que poderia ser obtido pelas vias democráticas, dentro da mais perfeita ordem republicana. Disto se conclui que, em meio à amplitude de sentidos que permeavam as correntes socialistas naquele momento, os maçons brasileiros propunham a busca da conciliação entre as classes por meio das melhorias sociais. O entendimento maçônico do projeto socialista aproximou-se daquilo que os teóricos chamaram de "socialismo reformista". Este pugnava pela integração do movimento operário nas estruturas políticas e econômicas do capitalismo com o propósito da sua gradual transformação em sentido socialista, através da via democrática-parlamentar.

Não por acaso, os maçons alertavam o governo para o fato de estarem importando, às custas do tesouro nacional, imigrantes anarquistas do velho continente. O anarquismo era duramente criticado pelos maçons por pretender impor "pela intimidação e pela força bruta", a sociedade sem governo, negando "todo o princípio de autoridade". De fato, para uma sociedade fundada em rígidas estruturas hierárquicas, não poderia haver nada mais incompatível do que o anarquismo, muito embora haja registros da adesão isolada de alguns maçons ao anarco-sindicalismo.

As idéias socialistas, obviamente que nos limites dados pela interpretação maçônica, parecem ter fincado raízes entre muitos dos membros da instituição, ainda que não tenha se imposto como ideologia oficial do GOB. Em pleno ano de 1917, quando um ciclo de greves de grandes proporções irrompia-se nas principais cidades de São Paulo e o czar russo acabava de ser destituído do poder, ainda se podia ter notícias da ocorrência de "conferências maçônico-socialistas" nas quais se comemoravam o "glorioso Primeiro de Maio, seus motivos e sua significação sociológica" ao mesmo tempo em que se demonstrava que os fundamentos sobre os quais repousa a maçonaria, identificavam-se com as questões propagadas pelo socialismo científico.

Findado o intenso ano de 1917, as positivas referências maçônicas ao socialismo e às lutas operárias foram escasseando até o seu total desaparecimento. Parece que, com a Revolução Soviética e a posterior perseguição à maçonaria estabelecida pelo regime soviético, os pedreiros-livres tomaram consciência dos descaminhos a que o discurso socialista, "mal interpretado", poderia levar. Além disso, é neste momento que o comunismo de cunho revolucionário, em detrimento do anarquismo e do socialismo reformista, impõe-se como ideologia norteadora da atuação política da classe operária. Diante disso, já não havia mais espaço para que a maçonaria se apresentasse como defensora dos trabalhadores do Brasil.

Apesar de a maçonaria, a partir de 1917, ter assumido uma atitude mais discreta com relação às discussões sobre os problemas sociais brasileiros, ainda assim alguns de seus membros envolveram-se com o Tenentismo, movimento que obteve muito prestígio entre a classe média, segmento social de onde a ordem angariava cada vez mais irmãos. Em 1922, por exemplo, a imprensa maçônica, ao comentar os acontecimentos dos dias 4 e 5 de julho, conhecido na história como Revolta do Forte de Copacabana, dizia-se alegre pelo fracasso do golpe e lamentava o fato de ter havido maçons envolvidos em ambos os lados da disputa. Dois anos depois, tem-se a notícia de que muitos maçons foram presos por terem se envolvido na Revolução Paulista de 1924 que visava a derrubada de Artur Bernardes (1922-1926), presidente da República.

Embora nas duas ocasiões o GOB tenha se colocado como defensor da ordem pública e contrário a qualquer ação revolucionária, ele também não assumiu uma postura mais rígida de condenação dos maçons que se envolveram nas duas tentativas de golpe. No caso de 1922, a instituição, por meio de seu boletim oficial de número 12, argumentou que não haveria punição para os membros que se rebelaram, uma vez que "é princípio absoluto em maçonaria, não considerar delito maçônico o crime político". No caso de

1924, a ordem forneceu ajuda para a família dos maçons perseguidos, assim como ajudou a esconder muitos deles. Esta atitude de aparente indiferença ou negligência para com os intentos golpistas de seus membros sugere-nos um apoio velado a esses maçons. Este apoio seria motivado, não pela adesão da maçonaria ao programa tenentista, o que efetivamente nunca ocorreu, mas, sim, em função do descontentamento com o governo de Artur Bernardes. Durante a campanha para a presidência, em 1921, muitas lojas engajaram-se na propaganda em favor do *irmão* Nilo Peçanha, uma vez que o outro candidato, o vencedor Artur Bernardes, representava um perigo iminente à maçonaria brasileira. Sabe-se também que Bernardes não nutria simpatia pela maçonaria e que, na contramão das políticas laicizantes da República, buscou sustentação política a partir da sua aproximação com a Igreja Católica.

Antigos inimigos

A primeira Constituição republicana do Brasil, promulgada a 24 de janeiro de 1891, não foi declarada em nome de Deus. Uma vez separada a Igreja do Estado, os assuntos de religião já não diziam respeito ao novo regime. Pelo texto constitucional, a liberdade de culto tornara-se uma realidade e a fé, questão de foro privado. Somente os casamentos civis ficaram oficialmente reconhecidos; os cemitérios foram secularizados e entregues às administrações municipais, assim como os registros de nascimento, casamento e óbito. O governo não poderia subvencionar mais os seminários e as instituições religiosas e a educação pública foi laicizada, sendo a religião eliminada do currículo. Foi assim que, pela primeira vez em quatrocentos anos, a Igreja se viu excluída do domínio público e o do apoio estatal.

A separação entre Igreja e Estado refletia a concepção laica e o apego ao pensamento liberal-cientificista dos dirigentes republicanos, apresentando-se como a concretização da mais importante luta assumida pela maçonaria ao longo do século XIX. Embora a secularização da sociedade não tenha sido uma causa exclusiva da maçonaria, a Igreja não teve receio em atribuir esse "golpe" lançado contra a religião de Roma aos pedreiros-livres brasileiros. Diziam os clérigos que, depois de ter conseguido "derrubar os tronos", numa referência não só à queda de d. Pedro II, mas, a todas as revoluções burguesas verificadas no mundo até então, a "seita" maçônica desejava, agora, solapar os altares no Brasil. Às acusações lançadas pela Igreja à maçonaria, acrescente-se o incontestável fato de ter a Ordem dos Pedreiros-Livres colaborado ativamente para a penetração do protestantismo no Brasil.

Enfraquecida, sem o apoio do Estado, nem por isso a Igreja Católica arrefeceu seu movimento contra os opositores da fé romana. Ao contrário, os católicos conservadores mostraram-se mais combativos do que nunca na luta contra seus maiores inimigos: o liberalismo, o protestantismo, o comunismo e a maçonaria.

A perseguição católica ao maçonismo foi oficializada pela Igreja brasileira por meio das "Constituições para as províncias eclesiásticas meridionais do Brasil", documento subscrito por um cardeal e 26 bispos e publicado após reuniões realizadas em 1915, na cidade do Rio de Janeiro. As orientações nelas contidas foram, posteriormente, adotadas também nas províncias setentrionais, valendo, então, para toda a Igreja do Brasil. O texto das Constituições prescrevia todo um conjunto de condutas a serem aplicadas aos maçons. Assim, os casamentos não deveriam ser realizados quando os nubentes forem dados à embriaguez, quando for um ímpio, maçom, ou por outro vício incapaz de cumprir as obrigações conjugais. No caso de confissão, as Constituições exigiam muita prudência: "Tratando-se de maçons e outros filiados a seitas e sociedades secretas, os confessores autorizados, antes de absolvê-los, deverão exigir que os mesmos tenham abandonado absoluta e positivamente, para sempre, a seita condenada." Em se tratando da educação oferecida pela maçonaria, o documento alertava:

> *A educação única que agrada os maçons, e que eles pretendem se deve dar à mocidade, é a que chamam cívica, desenvolta e livre, isto é, aquela em que não se diga nenhuma palavra da religião. [...] Onde essa educação começou a se desenvolver e campear mais livremente, excluindo todo ensino cristão, aí bem depressa foram desaparecendo a probidade e integridade dos costumes, cresceram os erros mais abomináveis, e pulularam os crimes mais audaciosos e horrendos.*

Finalmente, as Constituições anunciavam:

> *Saibam enfim todos os fiéis que incorrem em excomunhão latae sententiae, reservada ao Summo Pontífice, os que dão seu nome à seita maçônica ou carbonária, ou a outra do mesmo gênero, que aberta ou clandestinamente maquinam contra a Igreja e os legítimos poderes, assim como os que prestam as mesmas qualquer favor, os que não denunciam seus corrypheus e chefes ocultos, até que tenham cumprido o dever da denunciação.*

Dois anos após a publicação das "Constituições para as províncias eclesiásticas meridionais do Brasil", o papa Bento XV promulgou o *Código de direito canônico* que, no tocante à maçonaria, formulou preceitos quase idênticos aos do documento brasileiro: "Os fiéis fugirão das associações secretas, condenadas, sediciosas, suspeitas ou que procuram subtrair-se à legítima vigilância da Igreja." No caso do não cumprimento desta disposição, previa-se a sanção que estabelecia: "os que dão seu próprio nome à seita maçônica ou a outras associações do mesmo gênero [...] incorrem *ipso facto* na excomunhão *simpliciter* reservada à Sé Apostólica." O *Código* também determinava que os fiéis não deviam contrair matrimônio com maçons, estando estes últimos privados da sepultura eclesiástica e de qualquer missa exequial. Por fim, os maçons ficavam proibidos de serem padrinhos de batismo e de confirmação.

Diante de toda essa legislação antimaçônica, os pedreiros-livres foram alvo de incansáveis ataques por parte do clero que, sempre que pôde, procurou dificultar a vida (e a morte) daqueles que, sabidamente, insistiram em permanecer na maçonaria. De forma semelhante ao ocorrido durante a Questão Religiosa, os padres da Primeira República, na ocasião da morte de um maçom, recusavam-se a conceder a extrema-unção e impediam que os cortejos fúnebres com o corpo do maçom falecido entrassem na igreja, ou, quando o permitiam, as missas fúnebres eram precedidas de um ato de propaganda antimaçônica. Houve também muitos casos de maçons que foram impedidos de batizar crianças e de se casarem na igreja. Diferentemente do século XIX, porém, a Igreja podia, agora sob a república, impor as ordens advindas de Roma com mais desinibição, tendo em vista que não precisava mais da autorização do Estado.

Mas foi por volta dos anos 1920, quando se inicia a chamada "reação católica", que o ataque à maçonaria por parte da Igreja, de fato, recrudesceu. Enquanto esteve sob o julgo do padroado régio, a Igreja não conseguiu evoluir como instituição, porque se manteve dependente da estrutura do Estado. Com a instauração do Estado leigo, a Igreja viu-se completamente desamparada, tendo que construir sua organização, praticamente, a partir do zero. Por outro lado, independente do Estado, a Igreja brasileira pôde associar-se, de fato, a Roma, ganhando autonomia. Paralelamente à sua organização institucional, o clero brasileiro foi cavando uma reaproximação com o Estado, reagindo, assim, ao ostracismo político em que se encontrava.

O objetivo da reação católica foi o de buscar para a Igreja um lugar nos espaços oficiais de poder, em particular na legislação brasileira, reinserindo-a na vida política e social do país. Esse movimento teve em dom Leme, cardeal arcebispo do Rio de Janeiro, a principal liderança. Este orientou a mudança de estratégia da Igreja que, em vez de sustentar agressivos discursos contra a República, passou a apresentar-se como defensora da pátria brasileira e símbolo maior da nossa nacionalidade. Aliando-se a Artur Bernardes, a quem a Igreja forneceu importante apoio nas eleições, impedindo a eleição do maçom Nilo Peçanha, o catolicismo obteve uma de suas primeiras vitórias. Em 1922, ocorreu o Congresso Eucarístico no Rio de Janeiro, ocasião em que, com o apoio do Estado, foi lançada a pedra fundamental do futuro monumento do Cristo Redentor. De braços abertos, no alto do Corcovado, o Cristo lembraria a todos que o vislumbrassem que o Brasil era um país de católicos.

Paralelamente à aproximação com o Estado, a Igreja procurou ajuda entre intelectuais leigos, criando uma verdadeira vanguarda de pensadores católicos em cujo círculo podia-se encontrar Alceu de Amoroso Lima, Lúcio José dos Santos, Augusto Frederico Schmidt, Gustavo Corção, Plínio Corrêa de Oliveira e Jackson de Figueiredo. Este último criou, em 1921 a revista *A Ordem* e, no ano seguinte, o Centro Dom Vital, importante núcleo de debate e difusão do catolicismo conservador. Esses órgãos seriam a primeira expressão laica da reação católica contra as tendências liberais, comunistas e maçônicas.

Preocupada com os pensadores liberais e, ao mesmo tempo, com o perigo da revolução depois da experiência de 1917, a produção intelectual católica dos anos 1920 assumiu posições extremamente reacionárias. Para tal, buscou inspiração em pensadores conservadores, como Joseph De Maistre, De Bonald e Carl Schmitt, inaugurando uma tradição de pensamento que terminaria levando, em 1960, à fundação da TFP — Tradição, Família e Propriedade. O pensamento conservador, vale lembrar, possui como premissas a compreensão dos direitos como sendo determinados pela tradição, a negação de utopias baseadas em uma visão progressista da história, a subordinação das relações sociais ao princípio de ordem e disciplina, a utilização do passado como referência maior e a negação do individualismo em prol do coletivo. Diante disso, a ordem maçônica, até então promotora das divisas da liberdade e dos direitos individuais, da ciência e do progresso, era entendida como o contra-modelo da sociedade almejada pelos conservadores católicos.

Assim, a partir dos anos 1920, a maçonaria tornou-se um dos alvos favoritos dos discursos elaborados por uma intelectualidade católica que, por sua credibilidade, conseguiria para suas idéias uma maior penetração junto às classes mais elevadas. Posteriormente, esses discursos serão apropriados pelo Estado para justificar uma verdadeira perseguição ao mundo maçônico, constituindo um dos poucos momentos da história brasileira em que o discurso antimaçônico conseguiu, efetivamente, fazer os obreiros tremerem.

Autofagia maçônica

Além de enfrentar os ataques católicos que cresciam ao longo da década de 1920, a maçonaria teve também que lutar contra um outro inimigo tão antigo quanto o catolicismo conservador, e, como este, também responsável pelos vários momentos de fragilidade da ordem: a autofagia maçônica. A fragmentação no interior da *potência* maçônica brasileira, que, desde 1883, parecia não mais ameaçar a unidade da instituição, reapareceu ainda no final do século XIX, quando, em consonância com o mundo *profano* no início da República, a maçonaria passou a nutrir desconfianças em relação às instituições de amplitude nacional.

Com o intuito de contemplar os interesses das maçonarias regionais, foi promulgada, em 1892, a primeira constituição maçônica da era republicana, prevendo a criação de grandes lojas estaduais federadas ao GOB. As primeiras grandes lojas a serem instaladas foram as de São Paulo e da Bahia, a 14 de maio de 1892.

Entretanto, logo ocorreram desentendimentos internos à maçonaria paulista que acabaram levando, em 1893, uma parte desses obreiros a se desmembrarem do GOB e formarem o Grande Oriente do Estado de São Paulo, este totalmente independente da potência central. Na esteira dos acontecimentos paulistas, foram criados o Grande Oriente e Supremo Conselho do Rio Grande do Sul (1893) e o Grande Oriente Mineiro (1894), também independentes do GOB.

Os Orientes independentes surgiram em função do descontentamento das maçonarias estaduais com a excessiva centralização política da potência maçônica e o seu descaso para com as maçonarias regionais. Como elemento impulsionador de tais cisões, tem-se o próprio modelo federalista da república brasileira que, no que se refere à organização administrativa, passou a influenciar também a maçonaria. A estes fatores, acrescentem-se disputas pessoais e divergências políticas e ideológicas existentes entre os maçons brasileiros, demonstrando haver um claro reflexo dos conflitos do mundo *profano* no interior da ordem.

É interessante observar que a dificuldade da maçonaria brasileira em manter uma obediência nacional forte e coesa assemelha-se bastante às dificuldades verificadas no mundo *profano*, onde todas as tentativas de se organizar um partido republicano nacional foram fracassadas. A república que concretizou os interesses regionais via partidos republicanos estaduais também consolidou as diferenças maçônicas por meio dos Grandes Orientes estaduais. Tais "coincidências" entre o mundo *profano* e o mundo maçônico foram, aliás, constantes em toda a história da ordem no Brasil.

O maior golpe lançado à unidade maçônica, entretanto, se deu em 1927. Até este ano, o GOB, responsável pelos graus simbólicos da maçonaria (aprendiz, companheiro e mestre), era considerado uma obediência mista, pois, confederado a ele encontrava-se o Supremo Conselho, que cuidava dos graus filosóficos (altos graus).

Nesta confederação de duas potências soberanas, o chefe supremo da maçonaria reunia em suas mãos os poderes de grão-mestre geral do GOB e de soberano grande comendador do Supremo Conselho. Na prática, entretanto, o Supremo Conselho acabou ficando em posição secundária em relação ao GOB. O conflito em torno do desequilíbrio estabelecido entre as duas obediências bem como as disputas por poder e controle da maçonaria brasileira fizeram com que um grupo de maçons liderado por Mário Behring (que após entregar o cargo de grão-mestre da ordem, em 1925, manteve o posto de grande comendador do Supremo Conselho) declarasse a separação do Supremo Conselho do GOB. Em um manifesto, o Supremo Conselho evocou à sua jurisdição todos os corpos maçônicos que praticavam o Rito Escocês. Estes foram organizados em grandes lojas simbólicas estaduais. De modo que, a partir de 1927, a maçonaria brasileira ficou dividida entre duas potências: o GOB (com os Grandes Orientes estaduais federados) e o Supremo Conselho do Rito Escocês Antigo e Aceito que, mais tarde, se transformaria na Confederação Maçônica Simbólica do Brasil (reunindo de forma confederada as Grandes Lojas Simbólicas Estaduais). Esta separação só será oficializada e regulamentada pelas duas potências, em 1951, quando então, passa a ser prevista pela constituição do GOB.

No final dos anos 1920, o quadro que se apresentava à maçonaria não era nada animador: além de sofrer com o recrudescimento dos ataques católicos e com as dificuldades em manter-se coesa, a instituição ainda assistiria ao golpe de 1930 que poria fim à Primeira República e, conseqüentemente, ao ciclo de presidentes maçons. Todos esses acontecimentos indicavam que o modelo de sociabilidade maçônica, capaz de conferir a instituição influência sobre o mundo *profano* e, em particular, sobre a política, mostrava os primeiros sinais de esgotamento. Não restava dúvidas aos pedreiros-livres de que os anos que viriam a seguir não seriam nada fáceis para a maçonaria brasileira.

Bode expiatório

Um dos momentos mais tensos da história da maçonaria contemporânea iniciou-se durante o chamado período entreguerras (1918 a 1939), estendendo-se até o término da Segunda Guerra Mundial (1939 a 1945).

Encerrada a Primeira Guerra, em 1918, os principais países envolvidos no conflito encontravam-se com suas economias devastadas. Nos Estados Unidos, a crise econômica atingiu o auge com a queda da bolsa de Nova York, em 1929, que, por sua repercussão mundial, colaborou ainda mais para o esgotamento econômico das grandes potências e demais regiões do planeta. Como conseqüência, emergiram violentíssimos questionamentos ao capitalismo e à sua capacidade ilimitada de reprodução.

Os resultados mais expressivos desses questionamentos ao capitalismo liberal foram a expansão das idéias socialistas e a expansão do nazifascismo. Ambas as ideologias buscaram nos Estados intervencionistas respostas à incapacidade do liberalismo em dar soluções eficientes aos problemas gerados pela crise. Fora este ponto em comum, colocavam-se em campos opostos. O nazifascismo, aliás, ganhou força não só em função da crise do capitalismo, mas, também, como alternativa para o crescimento das idéias comunistas que ganhavam espaço entre o operariado europeu.

Em meio a estes conflitos, a maçonaria acabou sendo alvo de perseguições advindas de ambos os lados. Na Rússia e na Hungria comunistas, a Ordem dos Pedreiros-Livres foi proibida a partir de 1917 e de 1919, respectivamente. Igual proibição foi posta pelos regimes de direita, como na Itália de Mussolini, em 1925; na Alemanha de Hitler, em 1933; em Portugal de Salazar, em 1935; e na Espanha de Franco, em 1940. Postas na ilegalidade, as lojas maçônicas foram pilhadas e muitos dos seus membros, presos. Houve casos, ainda, de maçons que, com a ajuda da maçonaria internacional, buscaram refúgio em países vizinhos. O Grande Oriente Francês foi um dos que mais forneceu proteção aos maçons refugiados.

Mas, por quais razões a maçonaria tornara-se uma inimiga e uma ameaça aos regimes comunistas e nazifascistas? A primeira e mais clara razão encontra-se no caráter fechado da instituição. Protegida pelo segredo e restrita aos iniciados, a maçonaria poderia manter-se resguardada das intervenções e do controle dos Estados autoritários. Assim, ela apresentava-se como um potencial espaço para organização de movimentos contestatórios aos regimes estabelecidos.

Mussolini, por exemplo, ordenou aos maçons italianos que escolhessem "entre pertencer ao Partido Nacional Fascista ou à maçonaria, porque para os fascistas somente há uma disciplina, a disciplina do fascismo; uma só hierarquia, a hierarquia do fascismo; uma só obediência absoluta, devotada e diária ao chefe e aos chefes do fascismo". A segunda razão está no fato de a maçonaria ter sido, até então, uma instituição associada às idéias liberais e progressistas que se encontravam em questionamento. A última explicação é menos óbvia e exige um esforço analítico maior, pois se origina da instabilidade emocional de toda uma coletividade.

Diante do pavor da guerra e de todas as catástrofes advindas, a sociedade, insegura, precisou encontrar explicações que tornassem o destino novamente inteligível ou, ao menos, coerente. Para tal, bastou encontrar agentes aos quais pudessem incutir todas as responsabilidades pelos desastres ocorridos, lançando sobre estes todas as frustrações e sentimentos contidos. Também, ao se elegerem os culpados pela crise e estabelecerem um sistema de caça às bruxas, os regimes desviavam a atenção dos verdadeiros problemas. Em geral, os "bodes expiatórios" eleitos nesses momentos de crise e de desorganização social foram encontrados no interior de grupos minoritários, ameaçados ou oprimidos. A eleição desses inimigos tornava-se mais fácil quando já havia contra eles uma série de acusações advindas de construções míticas que há tempos povoavam o imaginário coletivo. O exemplo clássico foi o dos judeus, vítimas do anti-semitismo alemão. A maçonaria, já desde o século XIX, associada ao judaísmo e a elementos míticos como satanismo, conspiração e complô, foi também outro alvo fácil das campanhas fascistas.

Em 1925, o GOB já anunciava os males do fascismo europeu e denunciava a perseguição movida contra a maçonaria italiana e espanhola. Nesse mesmo ano, as lojas brasileiras receberam uma lista de subscrição em favor das lojas italianas perseguidas pelo fascismo, acompanhada de uma carta escrita em italiano. Mal sabiam, porém, que não tardariam a ser, elas próprias, perseguidas em terras brasileiras.

O fascismo fez-se presente no Brasil desde os anos 1920, com algumas pequenas organizações. Mas, foi na década seguinte que ele ganhou expressividade e influência política com a criação, por Plínio Salgado e outros intelectuais, da Ação Integralista Brasileira, em 1932. Tendo como lema "Deus, pátria e família", o integralismo caracterizou-se pelo conservadorismo defensor do catolicismo, do tradicionalismo, do nacionalismo e de um Estado integral, constituído pelo chefe da nação, abrigando em seu interior órgãos representativos das profissões e entidades culturais. Seus inimigos eram o liberalismo, o capitalismo internacional, o comunismo e, na esteira da onda acusatória pela qual passava o mundo, a maçonaria. Não por acaso, muitos intelectuais católicos que gravitaram em torno da revista *A Ordem*, do Centro Dom Vital, e do cardeal dom Leme, cerraram fileiras dentro da Ação Integralista. A Igreja Católica conservadora, assim, ganhava novos aliados na luta contra a maçonaria brasileira.

Outro poderoso aliado do catolicismo foi o Estado brasileiro, governado por Getúlio Vargas após o movimento de 1930, que pôs fim à República das velhas oligarquias. Vargas governou primeiro como chefe de um governo provisório (1930-1934), depois como presidente eleito (1934-1937) e, por último, como ditador

(1937-1945). Para sustentar-se no poder por tanto tempo, ele percebeu que não poderia abrir mão da ajuda da Igreja, como equivocadamente haviam feito os primeiros governos republicanos. Na velha linha da troca de favores, a Igreja levou a massa da população católica a apoiar o novo governo, fornecendo a este discursos, imagens e símbolos religiosos capazes de justificar a perseguição aos inimigos do regime. O Estado, em troca, tomou uma série de medidas que beneficiaram a Igreja, como o retorno do ensino religioso nas escolas públicas, ainda que facultativo, e a presença da invocação a Deus no preâmbulo da constituição brasileira de 1934. Igreja e Estado, após três décadas de separação, estavam juntos outra vez.

Foi nesse contexto que o governo Vargas iniciou um processo de perseguição à maçonaria, que culminou com o fechamento das lojas brasileiras por um certo período. A sustentação teórica que procurou tornar legítima essa atitude persecutória não foi problema para o governo: a intelectualidade católica e pensadores integralistas trataram de fornecê-la.

Católicos e integralistas contra a "seita tenebrosa"

Clero, católicos leigos e integralistas uniram-se na construção de uma série de imagens mitológicas que alimentaram o imaginário antimaçônico do período e que se propuseram a desvendar os "verdadeiros" segredos e objetivos da "seita". Este imaginário, contudo, não foi uma completa novidade para a cultura brasileira, uma vez que já havia sido divulgado pelo clero ultramontano ainda em meados do século XIX. De modo que grande parte do corpo de imagens empregada na campanha contra os Filhos da Viúva foi tomada de empréstimo daquele século, sendo, porém, devidamente adaptada e ressignificada segundo o contexto e os interesses do século XX. Às antigas acusações imputadas aos maçons e sua "seita", foram acrescentadas novas, mais atualizadas e capazes de fazer tremer as mais tradicionais famílias católicas.

Para além das típicas e caricaturais denúncias de satanismo, o intelectual católico, Ramos Oliveira, procurou também dar um tom mais político à suas acusações antimaçônicas, o que, obviamente, convenceria as mentes menos crédulas. Em sua obra *A ilusão maçônica*, por exemplo, procurou de todas as maneiras comparar a maçonaria ao bolchevismo, que, naquele contexto histórico, também era alardeado como ideologia capaz de ludibriar as massas trabalhadoras: para cada cem bolchevistas, apenas um seria suficientemente esclarecido sobre os princípios e fins verdadeiros do movimento. De modo semelhante, "para cada cem maçons, há sessenta iludidos", escreveu Ramos Oliveira.

Muito recorrentes nesta época foram também as denúncias de que a maçonaria seria uma instituição "alienígena", um corpo estranho à cultura e à história nacional, tendo sido artificialmente inserida em terras brasileiras. Ao contrário da Igreja Católica, presente no Brasil desde o descobrimento e responsável pela constituição da cultura brasileira e da nossa identidade nacional, a maçonaria seria uma instituição sem pátria, ostentando uma natureza internacional.

Esta argumentação não carecia totalmente de fundamento, uma vez que, de fato, a ordem maçônica fazia-se presente em todo o mundo, sustentando o discurso de que, para além da nacionalidade de cada membro, todos formavam uma única e grande família maçônica. Exacerbando, porém, o seu cosmopolitismo, os detratores da maçonaria viam nesta uma ameaça ao patriotismo e à nacionalidade brasileira. A maçonaria, escreveu Ramos Oliveira, "pretende a destruição total de todas as pátrias".

Para mensurar os danos que acusações como estas poderiam causar à maçonaria, basta lembrar que o Brasil, sob o governo de

Getúlio Vargas, viveu um momento de euforia em torno da "questão nacional". O Estado brasileiro divulgou a ideologia nacionalista por meio do rádio, da imprensa, do cinema, dos livros didáticos, nas paradas militares e, principalmente, por ocasião das festas cívicas onde se exploravam as emoções, os sentimentos, os símbolos, imagens e rituais que reforçavam o princípio da nacionalidade. O povo experimentava no seu cotidiano a crença na unidade e indivisibilidade da nação corporificada no chefe do governo, o que, obviamente, facilitou a centralização política de Vargas, camuflando os contrastes e desigualdades sociais. Diante deste contexto, afirmar que a franco-maçonaria era um elemento internacional era o mesmo que apresentá-la como uma inimiga do regime e um risco à segurança nacional.

A idéia de que a maçonaria era um risco à nação brasileira foi reforçada pela antiga crença em seu caráter revolucionário. O bispo de Olinda, dom Vital, ainda no século XIX, já afirmava em suas pastorais que a maçonaria era a "revolução em permanência". Para este clérigo, não havia dúvidas de que a maçonaria teria tido uma participação fundamental na "nefasta" Revolução Francesa, pois "de seus antros saíram os monstros de forma humana da Revolução Francesa. Ela [maçonaria] foi a autora de todas as calamidades daquele tempo". Essa crença em uma maçonaria revolucionária foi inaugurada em 1797, pelo abade Barruel, que, em suas *Mémories pour servir à l'histoire du jacobinisme* atribuiu a gênese da Revolução Francesa às maquinações da franco-maçonaria. A partir desta publicação, todos os outros movimentos contestatórios ocorridos no mundo ao longo dos séculos XIX e XX foram imputados, de alguma forma, à maçonaria internacional.

Nessa mesma linha de raciocínio, os discursos antimaçônicos pretendiam mostrar que a maçonaria estava por trás de todos os acontecimentos revolucionários no Brasil e no mundo, ainda segundo Ramos Oliveira:

A maçonaria colaborou com a revolução para a independência, colaborou com a revolução para a abolição, colaborou com a revolução para implantar-se a república, colaborará com todas as revoluções, quer se trate da revolução francesa, quer se trate da revolução bolchevista espanhola. É o seu programa e sua finalidade: fazer revoluções.

Atualizando a crença em uma maçonaria desejosa em "revolucionar" constantemente, os pensadores antimaçônicos, preocupados com o crescimento do movimento operário e com os exemplos da Revolução de 1917, associaram o discurso maçônico de igualdade e fraternidade universal às idéias anarquistas e comunistas. Associação esta que, inclusive, a própria maçonaria já havia feito ainda no século XIX, mas que, rapidamente, tratou de abandonar. Desse modo, a Ordem dos Pedreiros-Livres passou a ser descrita, principalmente pelos membros da Ação Integralista, como importante agente internacional de propagação da revolução comunista. "A maçonaria está servindo o comunismo. Em nossa intensa campanha temos divulgado documentos sobejamente elucidativos nesse sentido", escreve o jornal integralista *A Luta*, em 1937.

A campanha da maçonaria contra o fascismo europeu e sua perseguição à ordem maçônica era entendida pelos integralistas como uma declaração explícita de apoio ao comunismo. Construindo um silogismo enganador, os integralistas argumentaram que se o fascismo perseguia o comunismo e a maçonaria era contra o fascismo, logo, a maçonaria era comunista. O jornal integralista *A Ação*, seguiu bem essa linha de raciocínio:

A ação dessa sociedade secreta em 1935, dois dias antes da explosão do movimento comunista, foi de molde a não ter dúvida quanto à sua aliança com os adeptos de Moscou, quando anunciou e abriu suas portas a uma conferência sob o título

"As misérias do fascismo", feita por um conhecido advogado que alardeava suas convicções marxistas.

O artigo acima insinua a participação maçônica no levante comunista de 1935, que, organizado pela Aliança Nacional Libertadora, presidida por Luiz Carlos Prestes, tentou uma fracassada insurreição armada. Muitos, porém, fariam essa acusação de forma explícita.

A tese do complô maçônico no Brasil

As acusações, por sua vez, eram facilmente absorvidas e introjetadas por uma boa parte da população. Um dos grandes responsáveis por tornar as mentes férteis e propícias a acreditar nas associações entre maçonaria, revolução e comunismo foi o escritor cearense Gustavo Barroso (1888-1959). Ele foi responsável pela divulgação no Brasil da existência de um complô maçônico que, em seus escritos, era entendido como "complô judaico-maçônico de dominação mundial". Sua teoria conspiratória, inclusive, se destaca das demais por conseguir absorver, dentro de uma mesma linha explicativa, todos os elementos míticos associados à maçonaria: satanismo, internacionalismo, revolução, comunismo e conspiração.

Gustavo Barroso, católico conservador, militante integralista e simpatizante do nazismo, foi autor de uma vasta obra anti-semita, antiliberal, anticomunista e, claro, antimaçônica. Das suas obras, destacam-se: *Antes do bolchevismo* (1923); *Brasil: colônia de banqueiros* (1934); *História secreta do Brasil*, 3 volumes (1936, 1937 e 1938); *Maçonaria: seita judaica* (1937); *Judaísmo, maçonaria e comunismo* (1937) e *A sinagoga paulista* (1937). Foi, contudo, com a tradução de *Os protocolos dos sábios de Sião* (1936), obra utilizada pelo nazismo para doutrinar a população alemã contra os judeus, que Barroso ganhou mais notoriedade. Os comentários acrescentados a esse livro por Barroso, em sua tradução para o português, tiveram por intenção imputar à maçonaria uma importância maior na organização do complô judaico do que o atribuído pela obra em sua versão original.

A tese principal defendida por Gustavo Barroso em seus vários livros era a de que, em 1743, a maçonaria teria se colocado a serviço do judaísmo para que, por meio dela, se articulasse a Revolução Francesa, sendo esta uma das etapas da ascensão dos judeus ao poder. Isso porque, segundo o autor, "quem mais ganhou com a Revolução Francesa foram justamente os judeus. Ela trouxe a realização de um sonho: a igualdade de direitos". O próximo passo a ser dado pelos judeus seria a revolução socialista, também articulada pela maçonaria: "Os três graus sociais da escala maçônica foram encarregados da chefia e direção do movimento judaico-maçônico das massas proletárias no interesse da política mundial maçônica. O fim desta, como se sabe, é o domínio universal de Israel." Assim, segundo as teorias de Barroso, o liberalismo e o socialismo, ideologias opostas, porém, filhas da modernidade, teriam nascido do judaísmo, aliado, ocultamente, à maçonaria.

Barroso defendeu em vários de seus livros a tese de que a maçonaria universal também teria planos para o Brasil. De maneira que os principais acontecimentos da história brasileira seriam resultado de ações conspiratórias maçônicas, alinhadas ao judaísmo cabalístico. Neste sentido, pode-se dizer que Barroso leu o mito dos heróis maçônicos anteriormente descrito e virou-o do avesso: todos os grandes homens da política brasileira foram, sim, maçons. Isso, porém, não os torna heróis. Ao contrário, seja por inocência e ignorância, seja por estarem implicados com a causa maçônica, todos agiram em favor do grande plano de dominação traçado nos herméticos e sombrios encontros maçônicos.

Foi sobretudo no livro *História secreta do Brasil*, publicado em 1939, que Barroso construiu a narrativa na qual todos os acontecimentos, vistos sob o ponto de vista conspiratório, passam a fazer sentido. O tom das acusações elaboradas por Barroso pode ser conhecido a partir da pitoresca citação abaixo:

> *Para chegar a seus fins o judaísmo mascara-se com todas as máscaras e manobras usando de sua mão oculta, dos braços das sociedades secretas como a maçonaria que se encontram por toda a parte trabalhando anonimamente em prol do Povo de Israel, criando intrigas maçônicas que confundem e dilaceram o Brasil e toda sua gente; ocultando satanicamente o Minotauro do judaísmo à espera do momento de devorar as gerações de brasileiros.*

Dos primeiros movimentos emancipacionistas, passando pela proclamação da República até a organização do movimento comunista no Brasil, a maçonaria-judaica teria agido subterraneamente. A camuflagem utilizada seria a beneficência. Utilizando-se da filantropia, por exemplo, a maçonaria teria apoiado o movimento abolicionista e sugerido à princesa Isabel que assinasse a lei Áurea só para que a repercussão desta sobre os donos de escravos provocasse a queda da monarquia. E sua ação não se encerraria aí. Ao contrário, a maçonaria brasileira teria atuado subterraneamente ao longo de todo o século XX e, se Barroso ainda estivesse entre nós, não teria receio em afirmar que também hoje, talvez nesse exato momento, ela estaria decidindo os rumos da sociedade brasileira com base em seus torpes objetivos...

Na esteira dos escritos de Barroso, a imprensa integralista reforçou a associação entre maçonaria, judaísmo e comunismo. Sobre a maçonaria ou "a força de vanguarda do judaísmo" escreveu o jornal *O Povo* em outubro de 1937, às vésperas do golpe do Estado Novo:

> *Organização de fundo judaico, enxertada de ritos cabalísticos, tendo como finalidade enganar os cristãos e levá-los a conspirar em favor dos planos de Israel contra seus próprios irmãos e suas próprias pátrias, sob a ilusão de utopias liberais e socialistas.*

De modo semelhante escreveu *O Jornal*, em outubro de 1937:

> *A maçonaria é, como o comunismo, uma arma do sionismo. Estou convencido de que quase a totalidade mesma dos maçons brasileiros ignora que, sob a capa da igualdade, fraternidade e humanidade, a maçonaria vive exclusivamente a trabalhar pelo supremo interesse do judaísmo: o domínio do mundo.*

Em vários momentos históricos de inquietude e de desorganização social, como o vivenciado pelo Brasil entre os anos 1930 e 1940, a temática do complô foi utilizada pelo poder estabelecido para livrar-se de seus opositores, para legitimar os expurgos e exclusões, assim como para camuflar suas próprias falhas e fracassos. E para que o mito exerça essa função mobilizadora, sua estrutura argumentativa deve corresponder a um certo código já inscrito nas normas do imaginário. No caso da maçonaria, essa correspondência foi facilitada pelo caráter sigiloso da sociedade. O sigilo, isto é, aquilo que se esconde, é normalmente entendido como a expressão sociológica da maldade, do proibido e da transgressão. Desse modo, a idéia da conspiração foi facilmente associada à imagem da maçonaria. E foi dessa forma que o mito do complô maçônico, associado à ameaça comunista, ajudou a reforçar o pretexto que justificou o golpe de Estado dado por Getúlio Vargas em 1937 sob a alegação de que vivíamos na iminência de um golpe comunista. Por outro lado, o mito do complô permitiu à Igreja ver, ainda que só temporariamente, desestruturada a atividade maçônica no Brasil.

Em função de todos esses discursos, houve momentos específicos do governo Vargas em que as pessoas passaram a olhar a maçonaria com certa desconfiança. De modo geral, entretanto, o discurso antimaçônico não chegou a mobilizar a população contra a sociedade dos pedreiros-livres. Os detratores da maçonaria obtiveram da grande parcela dos brasileiros um posicionamento de indiferença em relação aos assuntos maçônicos e não, necessariamente, de apoio aberto à perseguição movida contra a ordem. Por outro lado, pode-se dizer que o discurso conservador foi vitorioso na construção de um imaginário e de representações simbólicas que, ainda hoje, permanecem na compreensão popular acerca da maçonaria. A maioria da população brasileira não teria receios em defini-la como uma sociedade marcada por práticas ocultistas, rituais macabros e que, governada por uma poderosa elite política e econômica, controla os destinos das nações.

Getúlio Vargas e a maçonaria subjugada

A maçonaria brasileira bem que tentou rebater as acusações que lhe foram lançadas, tomando todas as medidas possíveis para salvar a imagem da instituição.

Em 1934, o GOB emitiu uma circular às lojas e maçons da federação, declarando que todo membro que ingressasse na Ação Integralista deveria ser eliminado dos quadros maçônicos e seu nome inscrito no "Livro Negro". Quanto ao comunismo, a circular afirmava ser preciso distinguir entre os que adotam o materialismo histórico, a dialética marxista, como instrumento, como método de pesquisa, e os que militam no Partido Comunista. De modo que o ingresso e a permanência na maçonaria seriam proibidos, segundo a circular, somente aos que fossem filiados ao PCB (Partido Comunista do Brasil) que, na época, encontrava-se na ilegalidade.

Em 1935, por ocasião da tentativa de insurreição realizada pela Aliança Libertadora Nacional, o GOB participou das exéquias dos militares mortos durante a revolta e apresentou uma moção ao governo protestando contra a violência dos insurretos, aplaudindo os que haviam mantido a ordem. Tratou-se, sem dúvida, de uma tentativa de desmistificar o envolvimento da ordem com os rebeldes comunistas.

Passado o tempo, a maçonaria recrudesceu seus discursos referentes ao comunismo, para convencer a sociedade de que ela não possuía nenhuma ligação com Moscou. Em 1º de outubro de 1937, o GOB publicou a "Declaração do Grande Oriente do Brasil à nação", onde reafirmava sua repulsa ao comunismo. Neste documento, a obediência maçônica, em resposta às acusações de internacionalismo a ela imputadas, explicava que "a maçonaria brasileira é uma instituição eminentemente nacionalista, cujas origens se confundem com as da independência da pátria". Em função disto, ela se comprometia a continuar combatendo "as doutrinas antinacionais, liberticidas e oriundas de inspiração estrangeira". Finalmente, declara que "não se afastará de seus propósitos, não se envolvendo em quaisquer questões de política partidária e muito menos receber conselhos dos desalmados inimigos da ordem e do regime, da família e da nação". A maçonaria começou a perceber que, ou ela adotava um discurso anticomunista mais extremista, ou correria o sério risco de ver-se na ilegalidade.

As promessas e compromissos de fidelidade ao regime vigente, entretanto, não convenceram o governo Vargas. Em 24 de outubro de 1937, por ordem do general Newton Cavalcanti, membro do Conselho de Segurança Nacional, foram proibidas as atividades maçônicas no Brasil.

Em 10 de novembro de 1937, Getúlio Vargas, com o auxílio da cúpula militar, instaurou o chamado Estado Novo ao decretar o estado de guerra, dissolver o Congresso e os partidos políticos e publicar uma nova Carta constitucional. Em seguida, a 25 de novembro daquele ano, reforçou-se a proibição à maçonaria com o fechamento de todas as sociedades de caráter secreto e com a apreensão dos seus arquivos, até que fosse apurada a existência ou não de infiltração comunista no interior das mesmas. A alegação era de que existiriam provas de que a propaganda comunista estaria aproveitando-se das sociedades secretas para organizar-se no Brasil.

Há uma informação importante que ajuda a compreender mais a fundo a desconfiança do governo Vargas em relação à maçonaria. Além das acusações de envolvimento comunista, pesava contra a ordem o fato de grande parte de seus membros do estado de São Paulo ter se envolvido na Revolução Constitucionalista de 1932. O fracassado movimento paulista que questionava o governo getulista, contou com a participação ativa das lojas daquele estado, não só no auxílio aos serviços da retaguarda, com doações e serviços médicos, mas na própria frente de batalha. É bem provável que Vargas soubesse dessa atuação maçônica e dela não tenha se esquecido quando se tornou ditador em 1937.

Em 7 de janeiro de 1938, após insistentes apelos por parte dos altos escalões maçônicos, o Grande Oriente do Brasil foi posto na legalidade outra vez. O retorno das atividades das diversas lojas espalhadas pelo país, contudo, não se deu de uma só vez. Ao contrário das lojas da capital federal que praticamente não interromperam suas atividades, as lojas paulistas foram as últimas a serem reabertas, por volta de 1941, quando a normalidade das reuniões maçônicas foi finalmente restabelecida no país.

A maçonaria na mira do DOPS

Enquanto estiveram oficialmente fechadas, muitas oficinas maçônicas continuaram a desenvolver seus trabalhos secretamente. Em geral, as reuniões se davam na casa de membros, em bares ou clubes. Consta dos arquivos do DOPS de Minas Gerais (Departamento de Ordem Política e Social, criado durante o Estado Novo, com o objetivo de controlar e reprimir movimentos contrários ao regime no poder), por exemplo, um documento em que um tenente afirmava que maçons "proibidos de reuniões nas sedes sociais, vinham reunindo-se em diversas casas e nos cafés, especialmente, no

Café Java". Também em fins de 1937, chegou à Delegacia de Ordem Pública de Belo Horizonte, a denúncia de que os maçons continuavam reunindo-se clandestinamente e que conspiravam contra a vida de Getúlio Vargas e dos generais Góes Monteiro e Eurico Gaspar Dutra. Do mesmo modo, em início de 1938, uma carta direcionada ao chefe de Polícia da capital mineira e assinada por "um governista" denunciava a chegada de um ônibus vindo de Nova Lima, região metropolitana de Belo Horizonte, transportando maçons que vinham para uma reunião clandestina. Para além do denuncismo típico de regimes de exceção, o fato é que várias lojas maçônicas do Brasil registraram em suas memórias o modo e os lugares escolhidos para reunirem-se secretamente. Ironicamente, pela primeira vez na nossa história republicana, a maçonaria teve, verdadeiramente, que agir "nas sombras".

Mesmo após terem sido reabertas, as lojas maçônicas permaneceram na mira da ditadura varguista, que em tudo as fiscalizava. O local e as datas das reuniões maçônicas tinham que ser informados aos delegados de Ordem Pública, assim como o nome e os dados completos dos membros de cada loja. Na ocasião da abertura de uma nova loja, o mesmo procedimento deveria ser feito. Freqüentemente, puderam-se ver maçons e, particularmente, os veneráveis das lojas prestando depoimento nas delegacias e respondendo às acusações de que determinada loja estaria sendo procurada por partidários do comunismo ou estaria abrigando comunistas em seus templos.

Muito comum também foi a tentativa de espionagem por parte do governo. Em 1939, um investigador de polícia ligado ao DOPS fez um relatório que dava conta da ocorrência das datas das reuniões maçônicas de uma determinada loja da capital mineira, com o nome de todos os participantes, bem como a placa de todos os carros estacionados em frente ao local. De modo semelhante, outro investigador de Belo Horizonte contou em relatório datado de 26 de janeiro de 1938, que, em cumprimento à ordem expedida, assistiu a uma reunião da loja maçônica Vinte e Um de Abril, e que "nada de anormal" constatou.

A maçonaria, de fato, esforçou-se para eliminar de seu interior membros que se mostrassem envolvidos com o Partido Comunista ou qualquer outra agremiação de esquerda. Todavia, como sempre ocorrera na história da ordem brasileira, as obediências maçônicas nunca conseguiram a adesão total dos seus membros às determinações por elas expedidas. No caso em questão, é possível crer que houve uma minoria de maçons que, aliando-se aos movimentos de esquerda, planejaram secretamente contra o regime vigente. Bem ilustrativa é a carta datada de maio de 1939, escrita por críticos da ditadura varguista e que foi interceptada pelo DOPS de Minas, convocando seu leitor (ou leitores) a "organizar uma comissão militar que, trabalhando com ampla inteligência, promoveria a agitação nacionalista e democrática no interior das forças armadas". A mesma carta sugeria também que fossem utilizados jornais elaborados pelo movimento estudantil, bem como os pertencentes aos órgãos sindicais. Finalmente, a carta sugere, em citação um tanto imprecisa, que um certo Souza deveria dar vida "a um jornalzinho também ilegal redigido pela fração dos maçons (ele sabe)".

Em "gratidão" à reabertura das lojas e, acima de tudo, buscando uma estratégia de sobrevivência, a maçonaria brasileira, viu-se forçada a manifestar-se publicamente de forma favorável ao regime totalitário então vigente. Ainda que sob a discordância calada de grande parte de seus membros, as obediências maçônicas transformaram-se, gradativamente, em "aliadas" de Getúlio Vargas. Essa união, inclusive, foi favorecida pelo afastamento dos integralistas da esfera governamental, quando a Ação Integralista Brasileira foi dissolvida, juntamente com os demais partidos políticos, em novembro de 1937. Assim, o GOB, em 2 de junho de 1938, exigiu que as lojas eliminassem os obreiros que professassem ideologia contrária ao regime político brasileiro. Na mesma linha de ação, a obediência maçônica passou a exigir dos *profanos* que desejassem entrar para a fraternidade uma negativa da polícia na forma de um atestado de conduta a ser anexado ao pedido de iniciação. E, dessa forma, a maçonaria, cada vez mais, foi se afastando da sua tradicional defesa da liberdade de consciência.

Em 1942, o maçom e coronel Viriato Dornelles Vargas, irmão mais velho de Getúlio Vargas, realizou uma conferência no Instituto de Ciências Políticas sobre a doutrina do Estado Novo. O GOB, procurando demonstrar adesão ao conteúdo da conferência, publicou-a integralmente em seu boletim. Vejamos alguns de seus trechos que, em nada se parecem com os antigos discursos maçônicos de defesa das liberdades e direitos individuais:

> *Para felicidade nossa, porém, surgiu agora entre nós um estadista que retomou a orientação construtora de Bolívar, de José Bonifácio e de Júlio de Castilhos, reintegrando nossa pátria em suas tradições [...] substituindo a obra anárquica do liberalismo, concretizada nos freios e contrapesos da constituição passada, pelo grande código de 10 de novembro, o qual conciliou a ordem com o progresso, fundando nossa Ditadura Republicana, que os jornais deram em chamar — democracia autoritária.*
>
> *[...] Democracia é como um chapéu de borracha muito elástico, em que cabem todas as cabeças. A questão é de maior ou menor pressão. Quanto à palavra "autoritário", o povo a emprega no sentido de que autoritário é aquele que abusa da autoridade. É por isso uma palavra antipática. Chamemos, pois, nosso regime pelo nome verdadeiro — Ditadura Republicana — que quer dizer governo forte e estável.*
>
> *[...] O Brasil é hoje uma grande família, amparada e dirigida por um nobre chefe, que reage contra o excesso de individualismo resultante da desorganização moral, ensina os brasileiros a se colocarem sempre sob o ponto de vista coletivo e que não há direitos adquiridos contra a pátria.*

A união estabelecida de última hora entre maçonaria e governo foi consolidada por meio de pequenos gestos de gentileza por parte dos pedreiros-livres. Por vezes ocorreram banquetes maçônicos cujos convidados de honra foram o presidente da República e seus ministros, bem como as altas autoridades civis e militares. Nessa linha de ação, o GOB, em 1944, decretou feriado maçônico a data de aniversário de nascimento de Getúlio Vargas, que deveria ser solenemente comemorada pelas lojas de todo o território nacional.

Um ano antes desse acontecimento, em 1943, alguns maçons, descontentes com as atitudes cada vez mais autoritárias e intolerantes do GOB, propuseram a realização de uma reforma na constituição maçônica. Em resposta a esta demanda, o coronel Viriato Dornelles Vargas escreveu uma carta ao grão-mestre da obediência em que dizia:

> *A constituição da maçonaria brasileira está de acordo com a nossa pátria. [...] O regime nosso, que é o regime do futuro, é um regime de descentralização administrativa, porém de centralização política [...]. A maçonaria que marcha de acordo com o governo da pátria deve manter a mesma diretriz de centralização política para que haja uma orientação segura para a maçonaria.*

Na última frase da carta de Viriato Vargas, percebe-se bem o tom ameaçador para o caso de a maçonaria não "marchar de acordo com o governo da pátria". Aliás, a própria presença do irmão de Getúlio Vargas no interior da ordem maçônica pode ser compreendida como uma forma de controlá-la, de realizar um verdadeiro policiamento ideológico, além de se tentar utilizá-la em favor dos interesses do regime. Temos aqui o mesmo jogo de mão dupla e conseqüências imprevisíveis que as primeiras maçonarias faziam com o poder dos príncipes nos séculos XVIII e XIX.

Assim, debaixo de constantes ameaças do governo e ao preço de ter que renegar grande parte dos tradicionais valores por ela defendidos, a maçonaria sobreviveu, "aos trancos e barrancos" à ditadura varguista. Contudo, a velha maçonaria, promotora de revoluções liberais e defensora das liberdades individuais, já não mais existia, estava relegada ao campo mítico da memória coletiva. Fora substituída por outra, subserviente de governos autoritários. A maçonaria brasileira nunca mais seria a mesma.

Bibliografia

Dados e demais referências à trajetória da maçonaria brasileira na era republicana, e, em particular do Grande Oriente do Brasil, foram colhidos da coleção do *Boletim do Grande Oriente do Brasil* (1871-1974), pertencente ao catálogo de periódicos da Fundação Biblioteca Nacional.

Sobre a repressão sofrida pela maçonaria durante o governo de Getúlio Vargas foram consultados documentos pertencentes ao Arquivo do DOPS de Minas Gerais, que se encontra sob a guarda do Arquivo Público Mineiro.

Publicações de natureza antimaçônica, escritas por religiosos e intelectuais católicos: padre Teófilo Dutra. *As seitas secretas*. Juiz de Fora: Lar Católico. 1931; Ramos Democratino Oliveira. *A ilusão maçônica*. Rio de Janeiro: Getúlio Costa, 1941. Ver também a coleção da revista *A Ordem*, fundada em 1921 e editada até os dias atuais. Para um estudo das matrizes ideológico-políticas presentes nos escritos dos intelectuais que colaboraram naquela revista, ver: Cândido Moreira Rodrigues. *A Ordem: uma revista de intelectuais católicos, 1934-1945*. Belo Horizonte: Autêntica/FAPESP, 2005. Principais publicações antimaçônicas de Gustavo Barroso: *Judaísmo, maçonaria e comunismo*. Rio de Janeiro: Civilização Brasileira,

1937; *História secreta do Brasil*. São Paulo: Companhia Editora Nacional, 1939. 3 vol.; *Os protocolos dos sábios de Sião*. Porto Alegre: Revisão, 1989.

José Rodorval Ramalho. *Novae Sed Antiquae: tradição e modernidade na maçonaria brasileira*. Tese de doutorado de Ciências Sociais. Pontifícia Universidade Católica de São Paulo, 2004.

No tocante à produção maçônica, a obra de José Castellani, *História do Grande Oriente do Brasil*, já citada, fornece valiosos dados sobre a história da ordem ao longo do século XX.

Para estudo das relações entre Igreja Católica e maçonaria, no Brasil e no mundo, ao longo do século XX, ver: J.A. Ferrer Benimelli. *Maçonaria e Igreja: ontem, hoje e amanhã*. São Paulo: Paulinas, 1981; dom Boaventura Kloppenburg. *Igreja e maçonaria: conciliação possível?* Petrópolis: Vozes, 1992. Jorge Buarque Lira. *A maçonaria e o cristianismo*. São Paulo: Casa Lyra, 1949.

VII. A maçonaria no Brasil contemporâneo

A reconstrução maçônica

"Existe no Brasil uma organização que já fez presidentes e derrubou governos, mas agora está perdendo a influência. Seu nome: maçonaria." Assim começa a reportagem publicada pela revista *Manchete* em 2 de agosto de 1958, intitulada "O segredo da maçonaria". Analisando a história da instituição, os seus feitos e sua capacidade de atuação junto à sociedade brasileira nos anos 1950, a matéria jornalística concluiu que os chefes da maçonaria "vêm diminuindo de gabarito desde José Bonifácio. [...] Hoje, é o seu grão-mestre um banqueiro paulista, que pode possuir ilustres qualidades, mas, é um desconhecido. Talvez este seja o principal indício da diminuição da influência maçônica na vida do país".

A percepção da revista *Manchete* acerca da maçonaria brasileira não estava equivocada. De fato, a instauração do Estado Novo foi como um duro golpe para os maçons que, apesar de terem se submetido ao governo autoritário, acabaram sendo afastados das esferas de poder. Este afastamento, por sua vez, mostrou-se mais duradouro do que se poderia imaginar. Mesmo após a renúncia de Getúlio Vargas à presidência, em 1945, o acesso maçônico aos círculos de poder do Estado, e conseqüentemente, sua capacidade de influenciar as decisões políticas, deram-se de modo mais limitado e discreto, principalmente quando comparados aos tempos passados. Alguns maçons chegaram a ascender aos altos cargos políticos como João Café Filho, vice-presidente da República que assumiu o governo do país (24/8/1954 a 8/11/1955) após o suicídio de Vargas em 1954; Nereu Ramos, presidente do Senado brasileiro que assumiu a presidência com a saída de Café Filho (11/11/1955 a 31/1/1956); e Jânio Quadros, presidente eleito do Brasil que governou por sete meses em 1961 (31/1 a 25/8). Nada, porém, se compararia aos anos do Império e da Primeira República quando o grosso da elite política brasileira se confundiu com os altos quadros da maçonaria.

Além da tentativa de retomada da influência política perdida, os obreiros tiveram que administrar outros problemas também herdados dos anos do governo Vargas. Um deles foi a reabilitação da imagem da instituição maçônica perante a sociedade.

Os vários anos de ataques e acusações realizados pela Igreja e pelos integralistas fizeram com que a idéia de uma maçonaria conspiradora, internacionalista e satânica permanecesse arraigada ao imaginário popular, causando alguns inconvenientes, como, por exemplo, na ocasião do suicídio de Getúlio Vargas, que, na época, havia reassumido a presidência do Brasil (1951-1954) pelas vias democráticas. Diante do impacto e da incompreensão causada pelo ato suicida do presidente, não foram poucos os boatos de natureza conspiratória dando conta que tudo não passara de uma farsa, e que, na verdade, Vargas fora assassinado pela maçonaria em função da perseguição que esta sofrera durante o seu governo.

Tornava-se urgente, portanto, desconstruir essas imagens negativas que se encontravam fortemente associadas à Sublime Ordem. Para isto, foram utilizadas várias estratégias. Uma delas se constituía em uma maior abertura da sociedade maçônica para o mundo *profano*, a fim de que este a conhecesse melhor. Era preciso mostrar aos não *iniciados* os verdadeiros valores da ordem, explicando seus rituais e esclarecendo sobre o que, de fato, ocorria no interior de suas herméticas reuniões. Nas páginas da revista *O Cruzeiro* de 15 de janeiro de 1944, por exemplo, foi publicada uma matéria que repercutiu fortemente em todo o país e foi tida como um dos maiores "furos" jornalísticos da época: os jornalistas David Nasser e Jean Mazon fotografaram o interior de um templo, acompanharam toda uma reunião maçônica e descreveram-na com minúcia. Pela primeira vez, não iniciados puderam penetrar no interior da maçonaria e divulgar, com o consentimento do grão-mestre geral, parte dos seus "mistérios".

Contudo, a razão pela qual o grão-mestre do GOB permitiu tamanha exposição foi pouco compreendida pelos membros da ordem. Revoltados com esse gesto, alguns obreiros acusaram a autoridade maçônica de expor a instituição e de desrespeitar aquilo que lhe era mais precioso: o segredo. Essa discordância levou, inclusive, ao surgimento do Grande Oriente Unido do Brasil que teve, porém, vida curta (1948 a 1956).

Apesar da polêmica causada pela matéria de *O Cruzeiro*, tornaram-se cada vez mais freqüentes as reportagens e as publicações relativas à maçonaria, bem como as manifestações públicas de autoridades maçônicas visando esclarecer sobre o posicionamento da sua instituição acerca dos mais variados assuntos do mundo *profano*.

Estava claro que a maçonaria desejava dar mais transparência às suas atividades para que estas deixassem de ser vistas como suspeitas. Prova disto está no fato de que, em 1953, foi criado o Instituto Maçônico de Propaganda e Cultura que tinha como função realizar pesquisas sociais e políticas da atualidade brasileira. Argumentava o GOB que a prevenção do mundo *profano* quanto às atividades maçônicas havia se generalizado, em função da obra de seus inimigos e da ignorância da sua "alta finalidade". Por causa disto, seria criado o referido instituto que atuaria "de modo a desfazer-se aquele ambiente de desconfiança".

Dentro dessa proposta de instruir os *profanos* acerca da maçonaria, cresceu, em fins dos anos de 1940 e meados de 1960, o que chamamos de historiografia maçônica, isto é, um conjunto de obras sobre a história da maçonaria brasileira e da história do Brasil contada por intelectuais maçons e sob o ponto de vista maçônico. Por meio de escritores como Nicola Aslan, Kurt Prober, José Castellani e Tenório D'Albuquerque, publicou-se uma infinidade de textos que, supervalorizando a participação da maçonaria, atribuíram a esta instituição o papel definidor de importantes acontecimentos da história do país, como a Conjuração Mineira, a Independência do Brasil, a abolição da escravidão e a proclamação da República. Ao apresentar a ordem maçônica como responsável por quase todas as conquistas da nossa história, essa historiografia acabou por virar pelo avesso o mito do complô: a maçonaria conspira todo o tempo, mas, sempre para o bem. Por outro lado, a associação maçônica com tais acontecimentos da história teve também a função de provar que a Ordem dos Pedreiros-Livres esteve presente no Brasil desde tempos remotos. É preciso lembrar que os detratores da maçonaria apresentaram-na, dentre outras coisas, como uma sociedade estranha à cultura do país. Assim, ao criar um vínculo e uma continuidade com o passado nacional, a maçonaria garantia e reforçava sua identidade brasileira.

Os textos de história elaborados por maçons também procuraram destacar a identidade maçônica de personagens como Tiradentes, José Bonifácio, Duque de Caxias e Deodoro da Fonseca, deixando entender que todas as "benfeitorias" realizadas por estes "heróis" nacionais foram uma conseqüência direta do fato de serem eles maçons. De modo que, ao associar personagens importantes da história à maçonaria, esta última passaria a ser lembrada e até mesmo confundida, de forma quase inconsciente, com os nobres valores carregados pelos heróis da pátria e com a mitologia nacional. Essa apropriação dos símbolos e da história nacional foi, sem dúvida, uma das mais importantes estratégias encontradas pela maçonaria para se proteger de novos ataques, bem como de garantir sua legitimidade e aceitação por parte da sociedade brasileira.

Grandes personagens maçônicos na história do Brasil

Ao olharem para o passado, muitos maçons valorizam a presença de figuras notáveis entre seus confrades. A literatura maçônica engajada e alguns estudiosos associam a Ordem dos Pedreiros-Livres com grandes personagens que definiram os rumos da política brasileira, a exemplo do que se faz em todo o mundo. Os livros de história, principalmente os didáticos, mesmo sem saber o exato significado disto, nunca deixaram de lembrar-nos que d. Pedro I, José Bonifácio, Deodoro da Fonseca, Rui Barbosa dentre outros, pertenceram à maçonaria. De forma quase automática, estes escritos estabelecem uma relação direta entre os grandes feitos de tais homens e sua identidade maçônica, como se tudo o que fizeram fosse uma conseqüência direta do fato de serem *iniciados*. Esse tipo de interpretação, não menos lendária, foi em grande parte responsável pela crença amplamente divulgada de que os grandes homens da política brasileira foram ou são, necessariamente, maçons. Como se a identidade maçônica fosse um passaporte para a entrada no mundo da política, uma condição *sine qua non* para alçar à posição de herói nacional.

Muitas personalidades da política brasileira, de fato, foram maçons. O que não quer dizer que suas performances no campo da política tenham sido, necessariamente, pautadas por princípios maçônicos ou por orientações diretas vindas do interior da ordem. Mesmo porque, nos momentos mais decisivos de nossa história, as maçonarias brasileiras encontraram-se, em geral, divididas. Isso impede-nos de afirmar a existência de possíveis orientações maçônicas a guiar os grandes homens e os grandes fatos. Além disso, interpretações que supervalorizam a identidade maçônica dos heróis nacionais – como se ser maçom fosse sinônimo de ser poderoso – levam-nos a cometer um erro e uma injustiça: a de ignorar e negligenciar a imensa maioria de anônimos que compuseram e compõem as maçonarias brasileiras e que, embora nunca ocupem altos cargos políticos nacionais, são responsáveis por manterem vivas as tradições e a cultura maçônica em nosso país.

Além de atender à necessidade de responder às acusações advindas dos seus inimigos, o discurso nacionalista maçônico foi reforçado pelo próprio contexto político vivenciado no Brasil em fins dos anos 1940 e início dos 1960, quando a campanha pela autonomia do petróleo, historicamente conhecida como "O petróleo é nosso", dividiu o país em nacionalistas e privatistas. Nessa disputa, a maçonaria brasileira posicionou-se oficialmente em favor do monopólio estatal na exploração do petróleo, lançando mão de toda sua estrutura organizacional para defender seu ponto de vista que teve como principal argumentação o fortalecimento da soberania nacional. Uma década depois, o discurso nacionalista maçônico acabaria aproximando-se das formulações ideológicas das Forças Armadas que, em nome da salvaguarda nacional, justificaram a intervenção militar nos rumos políticos do país.

Os anos de retorno à democracia (1946-1964) também foram marcados pela tentativa da maçonaria em reaver seus antigos valores, tão sufocados durante a era Vargas. Era necessário, naquele momento, desfazer qualquer "mal-entendido" que pudesse associar a ordem maçônica à centralização política do Estado Novo. Não por acaso, quando Vargas abandonou o poder em 1945, a maçonaria, rapidamente, saudou o retorno à normalidade democrática, de modo a não deixar dúvidas quanto ao seu posicionamento favorável a esse regime.

Antes mesmo da renúncia de Vargas, quando este, tentando se manter no poder, adotou uma série de medidas redemocratizantes, como a reabertura dos partidos políticos e a marcação de eleições gerais, o grão-mestre do GOB, em clima da euforia democrática, concedeu uma entrevista ao jornal *O Radical* em 8 junho de 1945. Nela, a autoridade maçônica reafirmou veementemente o papel da ordem como defensora do regime democrático e louvou a criação de partidos políticos com programas de governo. Perguntado sobre o que achava do retorno do PCB e do seu líder Luiz Carlos Prestes à arena política, o grão-mestre respondeu que, tendo em vista o programa político esboçado por Prestes, não havia nenhum inconveniente em reconhecer o partido. Segundo ele, dentro do regime democrático haveria espaço para todos os partidos que não tinham por finalidade a opressão.

Todavia, essa tolerância maçônica para com o Partido Comunista, fruto do desejo dos dirigentes maçons de mostrar uma instituição democrática e novamente defensora da liberdade de consciência, durou pouco tempo. Vivendo sob a crescente influência da Guerra Fria, isto é, do conflito político e ideológico que dividiu o mundo em dois blocos (o capitalista, liderado pelos Estados Unidos, e o socialista, encabeçado pela União Soviética), a instituição maçônica, assim como significativa parte da sociedade brasileira, viu-se cada vez mais assombrada pelo "fantasma do comunismo".

Não foram poucos os que acreditavam que os comunistas viviam à espreita, para, no momento certo, instaurar o regime soviético no país. Foi neste clima de desconfiança que se intensificou a repressão aos movimentos sociais e às organizações políticas de esquerda. As obediências maçônicas, por exemplo, não saíram em defesa de Luiz Carlos Prestes e seus correligionários quando, em maio de 1947, o governo colocou, novamente, o PCB na ilegalidade.

Ao contrário da esperada defesa da liberdade de consciência, o GOB, em 1949, lançou um novo decreto estabelecendo que as lojas não deveriam aceitar a *iniciação* de elementos que professassem a ideologia comunista, recomendando a máxima severidade nas sindicâncias, de forma a evitar o "ingresso de elementos totalitários" entre os *irmãos*. A partir daí, a obediência maçônica reafirmou várias vezes seu combate "intransigente à infiltração comunista que ameaçava a liberdade de pensamento e cultura, o regime democrático e os princípios da Sublime Ordem".

Parece-nos que a tentativa da maçonaria de reaproximar-se do discurso democrático e da defesa das liberdades individuais acabou tomando um rumo bem diferente do esperado, à medida que esses valores passaram a ter novos significados para ela. A democracia e a liberdade que se defendia, não eram mais absolutas e universais, como se cria outrora, mas aquelas estabelecidas dentro de certos limites. Esses limites, por sua vez, eram estabelecidos em nome da preservação da ordem interna e do combate ao comunismo.

E foi assim que a maçonaria, de instituição perseguida pela intransigência do Estado Novo, tornou-se perseguidora. De vítima dos discursos conspiratórios, passou a apontar o dedo para os novos conspiradores. Já eram os sinais da sua caminhada rumo aos círculos conservadores.

Da ditadura aos dias atuais: guinada conservadora

A sociedade brasileira entrou na década de 1960 envolta em um turbilhão de acontecimentos. Em agosto de 1961, Jânio Quadros, que, nesse mesmo ano, assumira a presidência do Brasil com a maior votação até então vista na história do país, renunciou a seu mandato, deixando sua vaga para o vice-presidente João Goulart, conforme previsto na Constituição. Contudo, alguns militares que viam em Goulart a ameaça de uma república sindicalista ou uma brecha para o comunismo, tentaram impedir a sua posse. Após intensos debates que mobilizaram toda a população, adotou-se uma solução de compromisso: o sistema de governo passou a ser parlamentarista e Jango assumiu a presidência com poderes limitados. Somente em 1963, após um plebiscito, o Brasil retornaria ao regime presidencialista.

Em meio às disputas políticas, o Brasil experimentava um nítido avanço dos movimentos sociais. Nas cidades, intensificaram-se as greves operárias, organizadas pelos sindicatos. No campo, os trabalhadores rurais, por meio das Ligas Camponesas, começaram a se defender contra a expulsão da terra e a elevação do preço dos arrendamentos. Por fim, os estudantes, através da UNE, passaram a intervir mais na política, defendendo suas propostas de transformações sociais.

Em resposta às demandas desses vários segmentos, João Goulart elaborou uma proposta de reformas estruturais para o país que recebeu o nome de Reformas de Base. Estas, dentre as várias medidas políticas e sociais, previam a reforma agrária, a extensão do direito de voto aos analfabetos, bem como outras medidas nacionalistas que reforçariam a interferência do Estado na economia.

Ao lado destes acontecimentos, formulava-se no interior das Forças Armadas uma nova doutrina, fruto da Guerra Fria e que ganhou contornos mais nítidos após a Revolução Cubana (1959). A tomada do poder por Fidel Castro apresentava-se aos olhos de alguns setores militares como a prova de que a ameaça comunista avançava sobre os países do Terceiro Mundo, estando cada vez mais próxima do Brasil. Diante dessa constatação "assustadora", as Forças Armadas viam-se como possuidoras de um papel ativo e constante no sentido de derrotar o suposto inimigo e garantir a segurança da nação. Estava, pois, criada, a Doutrina da Segurança Nacional. Esta foi a grande responsável por espalhar o pânico entre a população, em função da divulgação, exagerada e até mesmo infundada, de que o Estado brasileiro encontrava-se em iminente perigo, sendo ameaçado pelas forças comunistas.

Diante deste contexto, a direção da maçonaria brasileira aderiu rapidamente à Doutrina da Segurança Nacional, vendo na movimentação das classes trabalhadoras um indício de caos político e social. Na linha contrária de muito do que já fora defendido pela ordem no início da República brasileira, o GOB em 1963 condenou toda a movimentação grevista do nosso operariado que, em seu entender, estaria "arregimentando grupos ideológicos interessados em estabelecer uma ditadura sindical". Diante deste risco, a obediência maçônica convidou as autoridades do país e as Forças Armadas, "detentoras de nossa segurança", a juntamente com o GOB, desenvolverem um programa de ação imediata. É sugestivo que o então coronel Golbery de Couto e Silva, principal ideólogo da Doutrina da Segurança Nacional e que seria um dos principais chefes políticos da ditadura, pertencesse à Ordem dos Pedreiros-Livres.

Em janeiro de 1964, diante da crise pela qual passava o país, o GOB apresentava a maçonaria como a única instituição que, aliada ao Exército, seria capaz de estabelecer o diálogo democrático entre as classes, recusando qualquer recurso à subversão. A subversão, inclusive, entendida nesse contexto como comunismo, surgia como um mal tão poderoso que não poupava nem mesmo a maçonaria. De forma que, naquele mesmo ano, o grão-mestre geral exigiu de seus membros "uma fidelidade ativa aos ideais da instituição". A explicação para essa exigência que, claramente, feria o já desgastado princípio maçônico de liberdade de consciência tinha uma explicação: havia, de fato, maçons envolvidos nos movimentos de esquerda. A prova disso está no artigo publicado pelo Boletim do GOB de março de 1964 que fala da existência de algumas manifestações públicas de maçons e lojas maçônicas "ideologicamente contrárias à ordem", ou seja, de tendências comunistas. Esses maçons "dissidentes" representavam, de acordo com o texto publicado no Boletim, casos isolados dentro da instituição, compondo uma minoria da qual se exigiria alinhamento à "posição maçônica" ditada pelo GOB. Mais uma vez, a obediência maçônica via-se diante da dificuldade de impor uma só conduta política a todos os seus membros, o que não a impediu, contudo, de posicionar-se oficialmente em nome do povo maçônico, de modo favorável à campanha anticomunista.

A demora na implementação das Reformas de Base fez com que os movimentos sociais se agitassem ainda mais. Conseqüentemente, os setores mais tradicionais da sociedade e, em particular a classe média, começaram a olhar com mais desconfiança para o governo Jango. É nessa ocasião que ocorre a Marcha da Família com Deus pela Liberdade (1964), organizada por senhoras católicas ligadas aos segmentos conservadores da Igreja, defensores da deposição do presidente da República. Estabeleceu-se, aliás, uma situação verdadeiramente inusitada: a instituição maçônica e o catolicismo, frente a uma questão política conflituosa, puseram-se do mesmo lado.

Também nos meios militares ganhou corpo a crença na impossibilidade de se resolverem os conflitos do país pela via democrática. De modo que, em 31 de março de 1964, o general Olímpio Mourão Filho, com o apoio do governador mineiro Magalhães Pinto, mobilizou as tropas que, de Juiz de Fora, rumaram para o Rio de Janeiro. Em 1° de abril, Jango abandonou Brasília e a presidência foi declarada vaga. Era o fim da curta experiência democrática do período de 1945-1964. Iniciava-se a ditadura civil-militar.

Três dias após o golpe de Estado, o GOB manifestou-se oficialmente "a propósito da revolução de 31 de março que neutralizou os perigos do comunismo e do caos [...]". Anunciava o grão-mestre da ordem que, graças às Forças Armadas, "gloriosas pelo seu destemor e desambição", desapareceu "a contínua tensão emocional que angustiava o país, que, por sua vez, poderia agora assegurar a todos os cidadãos a plenitude de seus direitos e garantias constitucionais".

Durante os primeiros anos da ditadura, a maçonaria fez várias declarações públicas reiterando que o regime de exceção era passageiro, e que, em breve, o país voltaria à normalidade. Dizia acreditar que, brevemente, os militares poriam em prática as medidas necessárias para que o Brasil tomasse o caminho "da justa e perfeita democracia". Foi com base nessa mesma expectativa que vários grupos políticos aderiram ao golpe na crença de que, afastado o perigo comunista, o poder voltaria para o domínio dos civis. Passado o tempo, porém, pareceu claro a todos que os militares não abririam mão do poder. Sentindo-se traídos, muitos dos antigos defensores do golpe aliaram-se aos segmentos oposicionistas do regime de modo a organizar um movimento pela redemocratização do país.

Não foi essa, contudo, a posição oficial das Ordens maçônicas. Diante da evidência dos fatos, a maçonaria preferiu silenciar-se acerca do postergado retorno à democracia, mantendo seu apoio ao governo militar. Houve, aliás, uma progressiva adesão maçônica ao discurso desenvolvido pelos ideólogos do regime. Do mesmo modo, alimentando o seu bom relacionamento com o governo, tornaram-se cada vez mais freqüentes os tradicionais banquetes maçônicos que contaram com a presença de membros do alto escalão do Exército, além do agraciamento de condecorações maçônicas a generais e políticos governistas.

Essa atitude colaboracionista da maçonaria foi fundamental para que a ordem passasse ilesa pelos anos de radicalização do regime militar. No momento em que, sob a alegação de deter a subversão, pessoas eram investigadas, espionadas e presas e órgãos de imprensa, escolas e demais organizações civis eram fechados ao menor indício de oposição ao regime, a maçonaria parecia estar "blindada" contra qualquer acusação. Acusações, aliás, que não viriam das Forças Armadas, como se poderia esperar, mas, ironicamente, do interior da própria ordem.

Alguns maçons, radicais defensores do regime militar, resolveram instaurar a "caça às bruxas" no interior do corpo maçônico brasileiro, visando eliminar seus adversários na ordem. Um deles, Félix Cotaet, no início de 1969, aproveitando-se do clima anticomunista instaurado pelo regime e sob a alegação de que, como oficial da reserva do Exército, cabia-lhe a defesa da democracia, publicou em um periódico maçônico insinuações de infiltração comunista no GOB, tentando comprometer os dirigentes maçônicos perante as autoridades político-militares. Sua denúncia acabou sendo levada à Secretaria de Segurança Pública para ser investigada. Todavia, em 1971, o inquérito foi arquivado, considerando insuficiente a denúncia. Aliás, o procurador militar, Durval Moura de Araújo, nas próprias folhas do processo movido contra a ordem, escreveu que, ao contrário do que foi denunciado, apurou-se que, desde o "movimento revolucionário" de 31 de março de 1964, a maçonaria vem combatendo o comunismo, "não se compadecendo, assim, a instituição com a doutrina marxista-leninista". Estava provado que cultivar "boas amizades" era a melhor medida para se garantir a normalidade das atividades maçônicas em meio aos tempos difíceis.

Se as divergências maçônicas não foram suficientes para provocar o desentendimento entre a ordem e o governo militar, elas promoveram, contudo, uma nova grande cisão entre as obediências. Em 1973 foram realizadas eleições para a escolha do novo grão-mestre geral. O Oriente de São Paulo, cujo grão-mestre era opositor do grão-mestre geral do GOB, lançou a candidatura de Athos Vieira de Andrade que, entretanto, acabou perdendo a votação para Osmane Vieira de Resende. Inconformado com a derrota, Athos Vieira apresentou recurso ao Tribunal Eleitoral do GOB, alegando a ocorrência de fraude eleitoral. Com a negação do recurso, alguns grão-mestres estaduais, favoráveis à chapa paulista, declararam-se autônomos, em 27 de maio de 1973. Surgia, assim, a Confederação Maçônica do Brasil (COMAB), que se constitui, ao lado do GOB e da Confederação Maçônica Simbólica do Brasil, em uma das três obediências regulares do país, atuantes até os dias de hoje.

Em janeiro de 1970 foram lançados dois manifestos maçônicos. O primeiro, intitulado "Posição da maçonaria frente ao comunismo", apresentava o comunismo como sendo a "antimaçonaria", explicava as razões pelas quais a sociedade maçônica era diametralmente oposta à doutrina marxista-leninista e justificava por que a tradicional tolerância maçônica não poderia chegar ao extremo de abrigar o comunismo em seu seio. Diferentemente dos anos finais do século XIX e início do XX, quando os maçons percebiam a existência de pontos de contato entre o socialismo e a Ordem dos Pedreiros-Livres, em época de guinada conservadora, a compatibilidade com as idéias de Marx era, realmente, uma idéia impensável (ver boxe).

Posição da maçonaria frente ao comunismo (manifesto de 1970)

A maçonaria proclama a prevalência do espírito sobre a matéria. O comunismo é materialista.

A maçonaria tem por fim supremo a fraternidade. O comunismo assenta a sua ação na luta de classes e na discórdia entre os homens e entre as nações para atingir o poder.

A maçonaria é universal, mas os maçons têm pátria [...]. O comunismo é internacional e nega a fidelidade à pátria.

A maçonaria tem como fim supremo a liberdade, o combate à tirania. O comunismo suprime a liberdade sob a falsa promessa de uma remotíssima sociedade igualitária.

A maçonaria proscreve o recurso à força e à violência. O comunismo somente prospera em clima de violência e opressão.

A maçonaria é pela democracia, pela liberdade, pela evolução. O comunismo é pela ditadura do proletariado, pela opressão e pela revolução permanente.

"Ambas as posições para uma só pessoa — Impossível!"

O segundo manifesto foi chamado de "Posição da maçonaria frente à atual conjuntura nacional". No primeiro parágrafo do documento, procurou-se reafirmar o respeito maçônico às diferentes convicções, à plena liberdade de expressão, bem como sua condenação ao recurso da força e da violência. Destoando da realidade vivenciada cotidianamente no Brasil e fazendo vistas grossas à censura e ao terror instaurados pelos militares, a maçonaria assegurava seu incondicional apoio às medidas adotadas pelo governo, que visavam o "bem-estar" da nossa pátria e a "preservação dos princípios democráticos". Ainda neste documento, a maçonaria criticava aqueles que lançavam acusações às Forças Armadas, "ignorando deliberadamente o seu relevante papel histórico na unificação e integração nacional ou apontando-a como opressora do povo, quando, ao contrário, o seu papel em 31 de março de 1964 foi, justamente, o de libertadora da nação". Aos que sofreram as violências do regime autoritário, o manifesto maçônico deve ter soado como palavras loucas, merecedoras de orelhas moucas.

É fato que, em terras e tempos de ditadura, é rei quem não tem olhos. Esse "fenômeno" explica bem como foi possível à maçonaria, sem nenhum constrangimento, lançar um manifesto em defesa do caráter "libertador" do golpe militar, exatamente durante os chamados "anos de chumbo" da ditadura. O período de governo do general Emílio Garrastazu Médici (1969-1974) ficou assim conhecido, justamente, por ter atingido o ápice da repressão, com a prisão, tortura e morte de inúmeros inimigos do regime.

Foi também sob a presidência de Médici que o Brasil experimentou o chamado "milagre brasileiro", período (1969-1973) em que combinamos um grande crescimento econômico com taxas relativamente baixas de inflação. O governo, contando com os avanços das telecomunicações no país, promoveu uma pesada campanha de divulgação de suas conquistas para a nação. Foi a época do "Ninguém segura este país" e da marchinha "Pra frente Brasil", que embalou a vitória do Brasil na Copa do Mundo de 1970. Misturando a conquista do futebol com as notícias do "milagre brasileiro", viveu-se, de fato, um clima de euforia e crença no tão sonhado progresso do Brasil.

Em fina sintonia com a ditadura civil-militar, a maçonaria tornou-se uma importante aliada na divulgação das benfeitorias trazidas pelo regime. Em pronunciamento do grão-mestre do GOB no ano de 1972, por exemplo, louvou-se o progresso do Brasil "que, desde 1964, emerge do subdesenvolvimento econômico e vem alcançando além do crescimento econômico outras melhorias", enumerando, um a um, os projetos do governo Médici, tais como a erradicação do analfabetismo com o Mobral, a reforma agrária (Proterra), a integração social (PIS) e a conquista da Amazônia (Transamazônica). Atuando como propagandista do regime, o Boletim do GOB de 1972 divulgou mensagens de otimismo e ufanismo que reforçavam a confiança no governo: "É preciso proclamar, a cada instante, o orgulho que sois possuidor de serdes brasileiros. É preciso, a cada hora afirmardes a fé que tendes nos destinos da nossa nação!"

A partir de 1974, quando o novo presidente militar Ernesto Geisel (1974-1979) iniciou a lenta e gradual abertura política, foi possível ver alguns maçons, até então silenciados pelas orientações impostas por suas respectivas obediências, expondo mais tranqüilamente sua discordância com o regime. Do mesmo modo, em fins dos anos 1970, quando a opção autoritária já se encontrava desgastada e a pressão social em prol da redemocratização tomou conta do país, a maçonaria aderiu à campanha pela anistia aos presos políticos e em favor das liberdades públicas.

Finda a ditadura, em 1984, a maçonaria brasileira precisaria, novamente, repensar seus valores, reaver seus princípios originais. Toda auto-análise, porém, não conseguiria fazer com que a ordem retomasse uma trajetória que, há quase um século, havia sido abandonada. Já era fato consumado que, de liberal e crítica no século XIX, passando pelo servilismo ao estado varguista nos anos 1930 e 1940, a maçonaria brasileira chegara ao fim do século XX como baluarte do conservadorismo.

Escotismo: a maçonaria-mirim

Temendo que os jovens idealistas, desejosos de mudar o mundo, acabassem se envolvendo com "elementos subversivos e agitadores", a maçonaria viu no movimento escoteiro um grande aliado. A prática do escotismo foi muito incentivada pelos maçons, durante o regime civil-militar, divulgando-a no seio da sociedade brasileira, e, em particular, entre os jovens filhos de maçons.

Criado na Inglaterra por Baden-Powell e introduzido no Brasil em 1910, o escotismo visa o desenvolvimento do caráter e da saúde dos cidadãos, e, conseqüentemente da nação, por meio de doutrinas não contempladas pelo sistema escolar. Os principais valores ensinados pelo movimento são o sentimento nacional, a valorização e culto aos símbolos nacionais, o respeito às autoridades políticas constituídas e a defesa da ordem e da disciplina. Desde quando chegou ao Brasil, esse movimento de "militarização infantil" foi instrumentalizado por grupos antiliberais para implementar seus projetos educacionais conservadores.

A riqueza dos símbolos, dos ritos e dos mitos presentes no cotidiano do movimento escoteiro fez com que muitos, inclusive o seu fundador, denominassem o escotismo de "maçonaria-mirim". Há, inclusive, um debate sobre o fato, ainda nebuloso, de Baden-Powell ter ou não sido maçom e de haver se inspirado na maçonaria para criar o movimento. De qualquer maneira, a tolerância religiosa, a presença de juramentos, o uso de sinais de identificação e as práticas ritualísticas que fortalecessem os laços de pertencimento são características do escotismo que, indubitavelmente, o identificam com os valores e com a ritualística da sociedade maçônica.

Catolicismo e maçonaria: reconciliação possível?

Apesar de a maçonaria ter se colocado ao lado dos católicos conservadores na luta contra a "ameaça comunista", as diferenças históricas entre a instituição maçônica e a Igreja não desapareceram por completo. Para a infelicidade dos religiosos mais tradicionais, havia um princípio maçônico que conseguira sobreviver a todas as transformações ideológicas pelas quais passara a "Sublime Ordem": a defesa da liberdade religiosa e do Estado laico.

Em função disto, as duas instituições voltaram a se enfrentar no Brasil. A primeira Lei de Diretrizes e Bases do Ensino, amplamente discutida por quase vinte anos e aprovada em 1961, foi o pivô de um desses embates. Contra os princípios desta lei, baseados em uma concepção privatista do ensino que favorecia amplamente as escolas católicas por meio do financiamento estatal, a maçonaria promoveu uma ferrenha campanha. As autoridades maçônicas condenaram o projeto por acreditar que o subsídio do Estado às instituições privadas de ensino, além de desguarnecer a já insuficiente e precária escola pública, feria o princípio constitucional de liberdade de consciência e de crença. A maçonaria chegou, inclusive, a propor o retorno dos princípios da Constituição de 1891 que estabeleciam a completa laicidade do ensino. Mesmo após incitar os seus membros a promoverem todo o tipo de campanha, de conferências públicas aos manifestos encaminhados ao Senado, a maçonaria teve de assistir, inconformada, à vitória das investidas contra o ensino exercido pelo Estado e ao fortalecimento das escolas privadas católicas.

Outro debate instaurado na sociedade brasileira e que, novamente, colocou a maçonaria contra o catolicismo conservador foi o referente à aprovação do divórcio. Desde os anos 1950, a maçonaria já se mostrava empenhada em ver legalizada a dissociação total do casamento. Ela entendia que, com a instauração do Estado laico, o casamento não era mais um sacramento, mas, sim, um contrato consagrado pela lei civil e que, por sua natureza jurídica, poderia ser desfeito. Alegava também que o desquite — separação do casal sem a quebra do vínculo matrimonial — deixava a mulher e os filhos, advindos de relações posteriores, desamparados legalmente. Além do mais, a proibição do divórcio e, conseqüentemente, de se estabelecerem outros casamentos, iria, no dizer da maçonaria, contra a natureza humana que impele à convivência conjugal, afetiva e sexual. A Igreja Católica, por sua vez, manteve-se firme no papel de maior opositora à legalização do divórcio. Nesse caso, entretanto, foi a Igreja quem teve de amargar a derrota quando, em 1977, foi aprovada a lei do divórcio no Brasil.

Todavia, apesar dos enfrentamentos estabelecidos entre as duas instituições, em função de questões pontuais como a educação e o divórcio, pode-se dizer que, nas quatro últimas décadas do século XX, houve uma evolução no processo de pacificação do conflito entre Igreja e maçonaria no Brasil. Esse processo foi iniciado por algumas autoridades católicas que acabaram por atuar como verdadeiras mediadoras entre a CNBB (Conferência Nacional dos Bispos do Brasil) e a ordem maçônica. Esta última, por sua vez, reagiu de forma muito favorável à possibilidade de conciliação, ou melhor, reconciliação, tendo em vista que a maçonaria operativa medieval surgiu no seio da Igreja Católica.

O clérigo pioneiro no processo de aproximação foi dom Luciano Cabral Duarte, arcebispo de Aracaju que, em 1969, proferiu uma conferência no interior da loja maçônica "Contiguiba", na capital do Sergipe. Após afirmar em seu discurso que não se encontrava ali para julgar ninguém, o arcebispo convidou os maçons a "unirem esforços" em favor do Nordeste brasileiro. Três anos depois, dom Luciano retornou à mesma loja apresentando-lhe uma proposta: comprar, juntamente com a arquidiocese de Aracaju, uma propriedade que seria transformada em uma fazenda coletiva para camponeses pobres. A proposta foi aceita e as terras, após serem adquiridas, receberam o significativo nome de Fazenda Reconciliação.

O gesto reconciliatório de maior repercussão, entretanto, foi o realizado em 1975 pelo cardeal dom Avelar Brandão Vilela, arcebispo de Salvador e primaz do Brasil. Na manhã do dia de Natal daquele ano, a catedral de Salvador esteve repleta de maçons que assistiram à missa celebrada pelo cardeal, em ação de graças pelo aniversário de uma loja maçônica baiana. A missa, a primeira celebrada em vários séculos por intenção dos maçons, foi recebida pela sociedade com espanto, despertando a ira de alguns e aplausos de outros. Entre estes últimos encontrava-se Alceu de Amoroso Lima, antigo adversário da maçonaria nos anos 1940, época em que editava a revista *A Ordem*. Sobre o ocorrido, ele comentou, surpreendentemente que "dom Vital atacando a maçonaria brasileira no século XIX e dom Vilela acatando a maçonaria no século XX são ambos rigorosamente fiéis à Igreja".

Dois anos antes, entretanto, o arcebispo de Porto Alegre, dom Vicente Scherer, já havia encaminhado à CNBB um pedido para que fosse estudada a possibilidade de uma mudança de atitude da Igreja em relação à maçonaria brasileira. Em resposta, a Conferência dos Bispos do Brasil, após ter elaborado um questionário referente à maçonaria, que foi encaminhado a todas as circunscrições eclesiásticas do Brasil, aprovou a seguinte resolução provisória em 1974: "A Igreja está disposta a rever a sua posição em relação à maçonaria. Não pode fazê-lo, no momento, porque não conseguiu obter suficientes dados e informações que lhe dêem segurança para rever as normas disciplinares vigentes [...]."

Embora pouco conclusiva, a deliberação da CNBB pode ser entendida como uma clara tentativa de se chegar a um acordo de paz entre as duas instituições. Esta atitude, aliás, refletia o posicionamento mais flexível do Vaticano em relação à ordem maçônica.

Desde a publicação do Código de Direito Canônico de 1917 que nenhum outro documento pontifício se ocupou tão extensamente da maçonaria, sendo que somente alguns papas fizeram rápidas alusões a ela. Pio XI, por exemplo, em sua encíclica *Non abbiamo bisogno* (29-7-1931), apontou a maçonaria como uma das forças que favorecem o anticlericalismo na Itália. Pio XI e Pio XII, por ocasião do jubileu dos anos de 1925 e 1950, concederam aos confessores as faculdades extraordinárias de excomunhão a quantos estivessem inscritos na ordem maçônica. E, por fim, Paulo VI, na conclusão do Concílio do Vaticano II, em 1965, concedeu aos confessores as mesmas faculdades. Daí em diante, a Sé Romana, mais transigente, demonstrou uma tendência a buscar soluções de conciliação quanto aos assuntos referentes à maçonaria.

O ano de 1974 pode ser considerado uma data referencial na história das relações entre as duas instituições, uma vez que o Vaticano, pela primeira vez, admitiu a existência de tipos de maçonarias isentas de conteúdos contrários à Igreja. Muito embora argumentasse que a carência de informações a respeito da maçonaria não possibilitasse, ainda, uma mudança na legislação geral vigente, a Igreja passou a orientar seus membros a estudarem, caso a caso, as acusações de maçonismo já que, em cada nação, a situação e os princípios maçônicos seriam diferentes. Em outras palavras, a maçonaria não era mais tida, por princípio, como uma inimiga universal do catolicismo.

Em novembro de 1983, entrou em vigor o novo Código de Direito Canônico. A nova legislação não fez nenhuma menção a maçonaria nem a qualquer outra organização ou seita não católica. Apenas determinou genericamente a punição para aqueles que se inscrevessem em uma associação que conspira contra a Igreja.

A euforia causada pelo silêncio do novo Direito Canônico, porém, durou pouquíssimo. Passado somente um dia da entrada em vigor da nova legislação, católicos e maçons se surpreenderam com a declaração da Sagrada Congregação para a Doutrina da Fé, órgão que veio substituir o antigo Tribunal da Santa Inquisição e que tem por função promover e tutelar a doutrina católica. Tendo sido perguntada se houve mudanças no parecer da Igreja a respeito da maçonaria pelo fato de ela não vir expressamente mencionada no novo Código de Direito Canônico, a Sagrada Congregação respondeu enfaticamente:

> *Permanece, portanto, inalterado o parecer negativo da Igreja a respeito das associações maçônicas, pois os seus princípios foram sempre considerados inconciliáveis com a doutrina da Igreja e por isso permanece proibida a inscrição nelas. Os fiéis que per-*

tencem às associações maçônicas estão em estado de pecado grave e não podem aproximar-se da Sagrada Comunhão.

Esse documento, que permanece vigente até os dias atuais, foi, na ocasião de sua feitura, assinado pelo cardeal prefeito da Sagrada Congregação, Joseph Ratzinger, que tornou-se o papa Bento XVI. Este, famoso pelo seu tradicionalismo, vem encabeçando, desde os anos 1980, um movimento de retomada da tendência conservadora e ortodoxa da fé católica.

O crescente fortalecimento do conservadorismo no seio da Igreja seria uma ameaça ao incipiente processo de reconciliação entre o catolicismo e a maçonaria? Esta é, sem dúvida, uma pergunta de difícil resposta. Por ora, é possível afirmar que no Brasil já vai longe o tempo em que as duas instituições trocavam ofensas públicas e se envolviam em arrastadas disputas. Aliás, apesar dos dois séculos de desentendimentos entre pedreiros-livres e religiosos e da infinidade de igrejas, credos e seitas disponíveis nos dias de hoje, a fé católica continua sendo a mais professada pelos maçons brasileiros, ao lado do espiritismo (doutrina de natureza evolucionista que, no século XIX, foi ao encontro das concepções liberais e progressistas da ordem maçônica). De modo que, considerando a atual conjuntura pela qual passa a Igreja Católica, cujo número de fiéis vem diminuindo substantivamente a cada ano, tudo leva a crer que a reconciliação do catolicismo com a maçonaria brasileira, mais do que possível, é necessária.

Panorama atual

Calcula-se que existam atualmente cerca de 150 mil maçons no Brasil. Mapear a evolução da presença maçônica no território brasileiro ao longo do século XX apresenta-se como uma tarefa complicada por conta das muitas divisões ocorridas entre as obediências, causando prejuízos ao registro das lojas que foram sucessivamente fundadas e *adormecidas*. Contudo, a leitura de alguns dados pertencentes ao Grande Oriente do Brasil, embora relativa a somente uma das três obediências regulares existentes, permite-nos chegar a algumas conclusões interessantes acerca da maçonaria brasileira como um todo.

Porcentagem de lojas fundadas pelo GOB no Brasil

ANO	%
1901 a 1920	2,6
1921 a 1940	3,6
1941 a 1960	9,3
1961 a 1980	22,5
Após 1980	55,2

Fonte: Ramalho. *Novae Sed Antiquae: tradição e modernidade na maçonaria brasileira*, p. 59.

No tocante ao número de lojas maçônicas abertas no Brasil, percebe-se um movimento de permanente ascensão ao longo do último século, embora não em ritmo uniforme. Aliás, as altas e as baixas na porcentagem de lojas abertas podem ser explicadas por três importantes fatores: os conflitos e divisões internas estabelecidos nas obediências, o confronto com a Igreja Católica e com as campanhas antimaçônicas e, principalmente, o contexto político vivenciado pelo país. Nenhum outro fator pesou mais em favor do aumento da atividade maçônica no Brasil do que o ambiente políti-

co democrático, o que só comprova que há muito se fora o tempo em que a maçonaria, resguardada pelo segredo, conseguia florescer nas sombras.

As décadas iniciais do século XX brasileiro foram marcadas por uma expansão da atividade maçônica, o que encontra explicação tanto no processo de federalização da maçonaria que propicia a abertura de novas lojas, quanto na atração exercida pelos benefícios advindos da ajuda mútua entre a ordem e o Estado. De 1921 a 1940, o crescimento, embora constante, desacelerou o seu ritmo. A explicação para isso está nos ferozes ataques advindos do catolicismo conservador e da Ação Integralista, bem como no tratamento repressor sofrido pela maçonaria por parte do Estado Novo. De 1941 a 1960, a abertura de lojas ganha novo fôlego em função do retorno ao regime democrático e mesmo em decorrência da campanha de reconstrução da imagem da ordem perante a sociedade.

De 1961 a 1980 o ritmo de crescimento de lojas mantém-se crescente, apesar de o Brasil se encontrar sob uma ditadura militar. Esse fenômeno explica-se pelo fato de a instituição maçônica não ter sido alvo de perseguições políticas, mas, ao contrário, ter se mantido numa situação de "blindagem", o que pode ter se tornado um atrativo para novos membros. Contudo, foi a partir de 1980, ou seja, com a abertura política e a redemocratização do país que se viveu uma verdadeira "explosão" da atividade maçônica. Dobra-se o ritmo de abertura de lojas, o que explica o fato de que a metade das oficinas maçônicas ligadas ao GOB, em funcionamento nos dias atuais, tenham sido fundadas nas duas décadas finais do século passado. O crescimento maçônico no Brasil pós-ditadura militar nada mais é do que um reflexo do fenômeno de construção de uma nova sociedade civil brasileira marcada, sobretudo, pela emergência de antigos e novos espaços de associação e de práticas políticas.

Além da questão numérica, a geografia da expansão das lojas ligadas ao GOB fornece preciosas informações. Em 1999, aquela obediência possuía 1.925 lojas espalhadas pelo Brasil da seguinte maneira:

Lojas por região

REGIÃO	Nº DE LOJAS	%
Sudeste	983	52
Nordeste	336	17
Centro-Oeste	307	16
Sul	178	09
Norte	121	06
Total	1.925	100

Fonte: Ramalho, op. cit., p. 59.

A concentração de lojas na região Sudeste não causa nenhuma surpresa, uma vez que é a região mais populosa do país, além de, historicamente, vir mantendo-se à frente no número de membros. Aliás, São Paulo, desde o final do século XIX até os dias atuais apresenta-se como o principal foco maçônico do Brasil. Procedem a ele, Minas Gerais e Rio de Janeiro.

Contudo, José Rodorval Ramalho, em interessante análise acerca da maçonaria, chama-nos a atenção para um fenômeno curioso: a distribuição proporcional entre o número de lojas e de habitantes existentes em alguns estados brasileiros. Roraima, por exemplo, tem uma loja para cada vinte mil habitantes; Mato Grosso do Sul tem uma loja para cada 27 mil habitantes e, por outro lado, São Paulo tem uma loja para cada 78 mil habitantes. A maior densidade maçônica (lojas por habitantes) em estados do Norte e do Centro-Oeste pode indicar que, nessas regiões, mais carentes de espaços de sociabilidade se comparadas com o Sudeste, a maçonaria assume uma função e uma importância maior, mais próxima do que ela foi para os brasileiros do século XIX.

Esta constatação é reforçada por outro dado curioso levantado pelo estudioso da maçonaria, José Rodorval Ramalho: 33,1% das lojas do GOB na década de 1990 localizavam-se nas capitais; e 66,9% no interior dos estados, sendo que, as cidades com até cinqüenta mil habitantes concentravam um maior número de lojas.

Destas informações conclui-se que ao longo dos últimos cem anos, a maçonaria foi modificando o seu perfil: se, originalmente, a atividade maçônica foi um fenômeno típico dos grandes centros urbanos, no final do século XX, ela tornou-se uma instituição característica das pequenas cidades. Nestas, a maçonaria permanece como tradicional veículo de inserção na elite local, reproduzindo práticas e valores típicos da transição entre o mundo antigo e o moderno. Já nas grandes cidades, embora não tenha desaparecido, a maçonaria viu, cada vez mais, suas funções serem substituídas por novos espaços associativos. De modo que a ordem maçônica entra no terceiro milênio com a importante tarefa de se reinventar, para não se tornar uma instituição completamente esvaziada de sentido e de funções.

A filantropia e os novos desafios

Como pioneira forma de associação política moderna na história do Brasil, pode-se afirmar que a maçonaria chega ao século XXI sendo, com a Igreja Católica, a única instituição civil não estatal, ainda existente nos dias de hoje, que acompanhou todo o processo de formação e consolidação da nação brasileira. Porém, hoje em dia, seu papel dentro da sociedade é bem diferente da época da Monarquia e da Primeira República. E foi justamente a consolidação da sociedade civil que acabou esvaziando as funções da maçonaria, perdendo em difusão e importância. O processo de modernização causou diferenciação crescente na sociedade e fez com que outros atores assumissem tarefas importantes no espaço público, diminuindo o peso da maçonaria. Talvez por isto, a maçonaria concentre-se, hoje, mais no interior do que nas capitais dos estados, onde os espaços de articulação política são maiores e mais consistentes.

A sociedade mudou ao longo do século XX. Surgiram variadas formas de associação que acabaram enfraquecendo a maçonaria em algumas funções tradicionais. Temos agora canais institucionais de participação política mais consistentes. A mídia em suas diversas formas, a internet, os partidos políticos, os sindicatos, agremiações estudantis, associações de bairros, a própria tendência de universalização do ensino e o maior acesso à universidade tornaram-se concorrentes da maçonaria. Também as causas clássicas da maçonaria brasileira, como liberdade religiosa e de pensamento já se tornaram direitos garantidos, a depender, é verdade, do contexto histórico. Forçoso reconhecer que a maçonaria não levantou nenhuma nova bandeira, não atualizou suas propostas.

Em fins do século XX e início do XXI, a maçonaria tem o desafio de se reinventar, definir novas ou restantes atribuições, e por outro lado, desenvolver formas de se manter viva dentro da sociedade brasileira. Há, obviamente, uma tentativa de reviver seu passado de poder político, mas esses objetivos concretizam-se só de forma bem limitada. Ainda assim, sabemos da existência de pelo menos oito senadores e 55 deputados federais maçons no Congresso Nacional, dos mais diversos partidos — e longe de formar uma bancada poderosa e influente.

Em pleno século XXI talvez não haja mais espaço para a tradicional maçonaria, fórum alternativo de discussão política e de circulação de idéias e informações. Quais seriam então as estratégias de sobrevivência? Busca pelas mulheres, pelos jovens e crianças? É possível que sim. Não por acaso, algumas entidades têm se voltado para este público tradicionalmente excluído.

No âmbito do GOB, por exemplo, existem a Fraternidade Feminina Cruzeiro do Sul (FFCS) e a Ação Paramaçônica Juvenil (APJ). A primeira propõe-se a desenvolver trabalhos de natureza cultural, promovendo debates, encontros, seminários, conferências e outros eventos que valorizem a participação da mulher na comunidade social; a segunda acredita ser capaz de despertar nos jovens atitudes nobres, através de atividades ligadas ao civismo, música, canto, dança, artes cênicas, pintura, literatura, poesia, integrando-se na formação plena de cidadãos cultos, responsáveis, honrados e ajustados. Essas duas instituições são parte integrante da estrutura administrativa do GOB, previstas em sua Constituição e organizadas segundo o Regulamento Geral da Federação.

Há ainda a ordem paramaçônica internacional Filhas de Jô, dedicada à formação das jovens do sexo feminino, na idade de 11 a 20 anos que possuam parentesco ou forte relacionamento com famílias maçônicas; a Ordem Demolay, dedicada à formação do sexo masculino, na idade de 13 a 21 anos; e a Ordem Damas da Fraternidade, grupamento formado pelas esposas de maçons que tem como objetivo principal promover ações sociais e de filantropia.

Além da inclusão das mulheres e dos jovens nas suas atividades, a filantropia continua como um dos principais motores da atuação dos maçons no Brasil, à maneira do que já ocorria no século XIX. Sendo comum, atualmente, a filiação de maçons a entidades congêneres como Rotary Club e Lions Club em diversos pontos do país.

No que se refere à beneficência para com os não *iniciados*, percebe-se a constante colaboração da maçonaria na implantação de creches, asilos, escolas e hospitais, além da presença de maçons no próprio gerenciamento destas instituições, muitas das quais, de caráter paramaçônico. Além da ajuda material, a caridade maçônica é entendida também como colaboração para o aperfeiçoamento intelectual e moral da humanidade. Neste caso, cabe aos *iniciados* a prerrogativa de levar as luzes do saber aos despossuídos, guiando-os, pela via da instrução, rumo às idéias consideradas mais elevadas.

É importante destacar que, ao lado da ajuda entre os próprios *irmãos*, a filantropia tornou-se instrumento de aceitação dos pedreiros-livres e de sua ordem por parte da sociedade, principalmente em momentos nos quais a Igreja radicalizou sua condenação às atividades maçônicas. Portanto, se o auxílio mútuo fortalece os vínculos internos, a filantropia pode ser entendida como um mecanismo de divulgação e enaltecimento da ordem que lhe oferecem uma legítima atuação. Mais do que isto, ela cria redes de poder e laços de clientelismo que garantem a presença de seus membros em abrangentes círculos do mundo *profano* mesmo no raiar do século XXI.

Depois de dois séculos da passagem pelo Rio de Janeiro do nebuloso Cavalheiro Laurent, que estabeleceu a primeira loja maçônica regular no território brasileiro, cabe aos maçons o desafio de manter e recriar os "mistérios" e as funções de uma das instituições mais antigas da sociedade brasileira. Afinal, como na música de Gilberto Gil, "mistério sempre há de pintar por aí".

Bibliografia

As pesquisas acadêmicas acerca da atuação maçônica no período republicano encontram-se ainda incipientes, restringindo-se, em geral, à primeira metade do século XX. Dentre as poucas obras que tratam do período, destacam-se: Luiz Eugênio Véscio. *O crime do padre Sório: maçonaria e Igreja Católica no Rio Grande do Sul, 1893-1928*. Santa Maria-Porto Alegre: Editora UFSM/Editora da

UFRGS, 2001. Obra que retrata as relações políticas entre a maçonaria e o governo de Borges de Medeiros, os conflitos estabelecidos com a Igreja Católica e o imaginário político existente sobre a ordem maçônica. Jefferson William Gohl. *O real e o imaginário: a experiência da maçonaria na loja União III em Porto União da Vitória, 1936-1950*. Dissertação de mestrado em História. Universidade Federal do Paraná, 2003 — pesquisa acerca do imaginário do complô maçônico, desenvolvido em meio ao pensamento fascista, integralista e nacionalista, através de uma loja maçônica do sul paranaense. José Rodorval Ramalho. *Novae Sed Antiquae: tradição e modernidade na maçonaria brasileira*. Tese de doutorado em Ciências Sociais. Pontifícia Universidade Católica de São Paulo, 2004 — interessante trabalho de descrição do funcionamento do Grande Oriente do Brasil e da sua evolução histórica e implantação geopolítica no Brasil, analisando a combinação de valores tradicionais e modernos promovida pela instituição maçônica.

No tocante à produção maçônica, a obra de José Castellani, *História do Grande Oriente do Brasil*, já citada, fornece valiosos dados sobre a história da ordem ao longo do século XX.

A pesquisa desenvolvida por Adalson de Oliveira Nascimento — *Sempre alerta! O movimento escoteiro no Brasil e os projetos nacionalistas de educação infanto-juvenil, 1910-1945*. Dissertação de mestrado. Belo Horizonte: Universidade Federal de Minas Gerais, 2004 — analisa a trajetória do movimento escoteiro no Brasil, entre 1910 e 1945, e o modo como esse movimento educacional cívico-patriótico tornou-se instrumento de implantação do ideário político nacionalista no Brasil.

Dados e demais referências à trajetória da maçonaria brasileira na era republicana, e, em particular do Grande Oriente do Brasil, foram colhidos da coleção do *Boletim do Grande Oriente do Brasil (1871-1974)*, pertencente ao catálogo de periódicos da Fundação Biblioteca Nacional.

A revista *Nossa História*, ano 2, nº 20, junho 2005, trouxe um significativo dossiê histórico sobre a maçonaria no Brasil.

Para estudo das relações entre Igreja Católica e maçonaria, no Brasil e no mundo, ao longo do século XX, ver: J.A. Ferrer Benimelli. *Maçonaria e Igreja: ontem, hoje e amanhã*. São Paulo: Paulinas, 1981; dom Boaventura Kloppenburg. *Igreja e maçonaria: conciliação possível?* Petrópolis: Vozes, 1992. Jorge Buarque Lira. *A maçonaria e o cristianismo*. São Paulo: Casa Lyra, 1949.

Importante levantamento crítico da recente produção historiográfica sobre maçonaria no Brasil foi feito por William Almeida de Carvalho, *Maçonaria no Brasil: análise da produção científica universitária* e encontra-se disponível em: http://www.freemasons-freemasonry.com/22carvalho.html

Glossário

ADORMECER — Ação de uma loja (q.v.) ou maçom que interrompe seus trabalhos, sem perda dos direitos maçônicos.

ALQUIMIA — Denomina um conjunto de práticas, técnicas e conhecimentos químicos da Idade Média e da Renascença voltado para a descoberta da pedra filosofal, capaz de transformar chumbo em ouro.

ARGONAUTA — Tripulante lendário da nau mitológica Argo, que buscava o Velocino de Ouro. Por extensão, navegador ousado.

AUTOFAGIA — Ato de autoconsumir-se, autodevorar-se.

BALAIADA — Revolta de caráter popular ocorrida entre 1838 e 1841 no interior da província do Maranhão.

CABALA — Conjunto de ensinamentos orais de textos de origem hebraica que resume uma religião secreta que se supõe haver coexistido com a religião popular dos hebreus. O conteúdo desse tratado volta-se, particularmente, para a decifração de um sentido secreto do Velho Testamento e do simbolismo dos números e das letras. Segundo a mitologia hebraica, a Cabala foi dada por Deus a Moisés, ou pelo anjo Raziel a Adão, sendo depois transmitida oralmente de geração em geração. Tornou-se designação comum a movimentos místicos e esotéricos europeus do século XII em diante. E também conluio secreto entre indivíduos ou facções que trabalham para um mesmo fim; maquinação, trama, conspiração.

CARBONÁRIO — Movimento político cujos membros formaram uma sociedade secreta que lutou contra o domínio de Napoleão Bonaparte em Nápoles (1806-1815), depois contra os soberanos italianos. Tornou-se sinônimo de sociedade secreta e politicamente radical, cujo modelo de organização espalhou-se por vários países.

COLEGIA FABRORUM ROMANOS — Corporação de construtores romanos.

CONFEDERAÇÃO DO EQUADOR — Movimento ocorrido nas províncias do Nordeste brasileiro em 1824 de contestação ao modelo centralizador de nação e independência que se formava: resultou na proclamação da República durante três meses e sofreu forte repressão, com mortes e prisões.

CORIFEU — Chefe do coro no teatro grego. Com o tempo, tornou-se designação para os chefes de seitas.

DEÍSMO — Doutrina de uma religião natural ou racional, fundada não em uma revelação, mas na manifestação natural que a divindade faz de si à razão do homem. Dentre seus princípios, tem-se que a religião não pode conter nada de irracional.

DIRETÓRIO DA REVOLUÇÃO FRANCESA — Conselho composto por cinco integrantes que chefiavam o Poder Executivo da República francesa entre 1795 e 1799.

ESSÊNIOS — Membros de uma das seitas judaicas, existente do século II a.C. aos primeiros séculos da era cristã, constituindo um grupo fechado, coeso e de vida mística e contemplativa.

GIRONDINOS — Grupo político moderado, formado pela alta burguesia, durante a Revolução Francesa.

GOB — Grande Oriente do Brasil.

GRANDE LOJA — V. Obediência.

GRANDE ORIENTE — V. Obediência.

HERMETISMO — Algo de compreensão difícil, obscura. Originalmente doutrina ligada ao gnosticismo, surgida no Egito antigo no século I, formada pela associação de elementos doutrinários orientais e neoplatônicos. Cristalizou-se num ensinamento secreto em que se misturam filosofia e alquimia.

ILUMINISMO — Movimento de idéias que teve origem no século XVII e se desenvolveu especialmente no século XVIII. Sua dominação encontra-se relacionada ao fato dos seus impulsionadores, os filósofos iluministas, verem a si mesmos como militantes da luta da razão, isto é, "a luz", contra a visão teocêntrica predominante na Europa, responsável por manter a sociedade vivendo nas "trevas". Caracteriza-se pela crença no racionalismo e no progresso linear da humanidade e na igualdade universal do gênero humano.

JOHN LOCKE — Filósofo inglês do século XVII que lançou as bases do racionalismo empírico e do liberalismo político, referências principais da política moderna.

LOJA — A loja ou oficina corresponde à célula fundamental, base da estrutura maçônica. A loja pode ser entendida como o templo, isto é, o espaço físico onde os maçons congregam-se, e pode também representar a própria reunião ou a assembléia de maçons, regularmente constituída.

MAÇOM — Membro *iniciado* das maçonarias. Também chamado de obreiro, pedreiro-livre, ou seja, simbolicamente, um construtor da Perfeição Universal.

MOVIMENTO LIBERAL IBÉRICO — Movimentos políticos de caráter liberal ocorridos em Espanha, Portugal e seus domínios americanos, a partir da década de 1810, com apogeu nos anos 1820-1830, que resultou na crise e no fim das mo-

Momento de iniciação de um maçom, em que o grão-mestre coordena uma série de rituais e revela ao candidato a palavra do Mestre Supremo.

narquias absolutistas, ligando-se também às independências das colônias americanas.

Obediência — As lojas maçônicas que trabalham apenas com os "graus simbólicos" (aprendiz, companheiro e mestre) são agrupadas sob uma jurisdição que recebe o nome de potência ou obediência. Quando as lojas agrupadas seguem um mesmo rito, elas compõem uma obediência chamada de Grande Loja e, quando possuem ritos diferentes, constituem um Grande Oriente. Já as oficinas que funcionam em graus superiores, também chamados "graus filosóficos", encontram-se sob a jurisdição de um Supremo Conselho.

OBREIRO — V. Maçom.

ORDEM (OU SUBLIME ORDEM) — Modo como os maçons referem-se à instituição maçônica.

PARAMAÇÔNICA — Instituição que se caracteriza por ser criada, fomentada ou dirigida pela maçonaria e estruturada dentro dos preceitos da ordem, embora possua *profanos* dentre seus componentes e seja administrativamente autônoma em relação à ordem maçônica.

PEDREIRO-LIVRE — V. Maçom.

PIRÂMIDE EGÍPCIA DE QUEÓPS — É a maior de todas as pirâmides egípcias. Localizada no vale de Gizé, acredita-se que foi usada como túmulo do faraó Queóps, da quarta dinastia. Foi considerada a maior construção erguida pelo homem até o ano de 1889, quanto ocorreu, então, a edificação da Torre Eiffel. Místicos e esotéricos acreditam que esta pirâmide guarda ensinamentos de sabedoria transmitidos por meio de rituais iniciáticos.

POTÊNCIA — V. Obediência.

PROFANO — Na linguagem maçônica, é como são chamadas as pessoas ou algo que não pertencem à maçonaria.

QUESTÃO RELIGIOSA — Nome da série de episódios ocorridos no Brasil na década de 1870 envolvendo séria crise entre a Igreja Católica e a Coroa imperial brasileira, que resultou na prisão dos bispos de Olinda e do Pará e teve como pano de fundo as polêmicas com a maçonaria.

REVOLTA PRAIEIRA — Movimento de caráter liberal e com tendências socialistas que ocorreu em Pernambuco, 1848, de crítica ao modelo centralizador do Império brasileiro e da predominância dos portugueses no comércio brasileiro.

SANTA ALIANÇA — Acordo assinado em Paris, em setembro de 1815, após a queda de Bonaparte. O czar Alexandre I da Rússia criou a aliança, e os primeiros dois subscritores foram Francisco I, imperador da Áustria, e o rei Frederico Guilherme III, da Prússia. Os demais governantes da Europa (com exceção do papa, do rei da Grã-Bretanha e do sultão da Turquia) também assinaram. A Santa Aliança revelou-se um instrumento para defesa do absolutismo na Europa e de combate às independências das ex-colônias ibéricas.

Sociedades iniciáticas — Sociedades cuja admissão de um novo membro exige a realização de rituais de iniciação por meio dos quais são transmitidos os ensinamentos, tradições e mistérios compartilhados.

Supremo Conselho — V. Obediência.

Teísmo — Contrapõe-se ao deísmo (q.v.) ao crer em um Deus com qualidades e características que são testemunhadas, não pela razão, mas pela revelação.

Templo — Local onde se realizam os trabalhos e os ritos maçônicos. Simboliza a construção maçônica.

Templo de Salomão — Segundo narra o Velho Testamento nos livros de Samuel, Reis e Crônicas, o rei Davi, da tribo de Judá, desejava construir uma casa para Javé (Deus dos judeus) onde a Arca da Aliança ficasse definitivamente guardada, em vez de permanecer na tenda provisória ou tabernáculo, existente desde os dias de Moisés. Segundo a Bíblia, este desejo foi-lhe negado por Deus em virtude de este ter derramado muito sangue em guerras. No entanto, isso seria permitido ao seu filho Salomão, já que a Casa de Deus deveria ser edificada por um homem pacífico. O rei Salomão começou a construir o templo no quarto ano de seu reinado seguindo o plano arquitetônico transmitido por Davi. Após sete anos de trabalho, as obras foram encerradas, concluindo-se, por fim, o primeiro grande templo de Jerusalém.

Ultramontano — O ultramontanismo corresponde a uma expressão originada no século XI para descrever os cristãos que defendiam o ponto de vista dos papas, sendo o termo uma referência ao fato de o sumo pontífice residir "além das montanhas". No século XIX, o ultramontanismo passou a significar uma série de conceitos e atitudes dos conservadores católicos em reação ao pensamento liberal. Em síntese, os ultramontanos defendiam a subordinação do rei ao papa, o restabelecimento da Companhia de Jesus e a infalibilidade papal. O movimento católico de propagação das idéias ultramontanas ficou conhecido como Romanização.

Veador — Antiga camarista da rainha.

Velocino de Ouro — Figura da mitologia grega que foi buscada pelos navegantes (argonautas) como ideal de salvação e perfeição.

Editora responsável
Cristiane Costa

Produção editorial
Daniele Cajueiro
Gustavo Penha

Revisão
Ana Lúcia Kronemberger
Cristiane Penha
João Caetano Monteiro

Diagramação
Selênia Serviços

Este livro foi impresso no Rio de Janeiro, em julho de 2008,
pela Ediouro Gráfica, para a Editora Nova Fronteira.
A fonte usada no miolo é Adobe Garamond Pro, corpo 11/15
O papel do miolo é pólen soft 70g/m², e o da capa é cartão 250g/m².

Visite nosso site: www.novafronteira.com.br